嘘に支配される日本

嘘に支配される日本

中野晃一 NAKANO, Koichi
×
福島みずほ FUKUSHIMA, Mizuho

岩波書店

はじめに

福島みずほ

中野晃一さんと本をつくりたいと思いました。中野さんと初めてお会いしたのはずいぶん前のことでした。お連れ合いの三浦まりさんが上智大学で女性と政治といったテーマで講演会を企画してくださったときに、終わった後、上智大学から参議院議員宿舎まで送ってくださり、歩きながら話をしました。初対面でしたが、楽しかったのを覚えています。

その後、中野さんは本当に活躍されて、野党と市民の連合、市民連合の中心人物として、的確に、穏やかに、優しく、素敵に人びとをまとめて、活動をされてきています。

ご著書を読んだりして、そうだそうだ、と思ってきました。

国会の状況が、ますます、日を追うごとにひどくなっています。国会に正式に提出されていた文書が虚偽で、大きく改竄されている、国会での答弁が虚偽である、真相を明らかにしない。そのことに怒っています。国会に提出される文書が改竄されていて、総理や官僚が虚偽答弁を繰り返すのであれば、国会の民主主義は成り立ちません。民主主義を毎日壊されている、こんなことは変えなければならない、そんな思いで国会で活動しています。

そんなときに何とか政治を変えたいと思っているたくさんの市民のみなさんに会うと本当に元気が

出ます。そして、中野さんに会うと、なぜかほっとしてまた頑張ろうと思うわけです。そんな中野さんと一緒に、いまの政治状況をどう見ているのかということを話し、未来をつくりたいと思いました。今年(二〇一八年)の春に『嘘に支配される日本』というタイトルの本にしようと決まりましたが、その後、ますますたくさんの嘘が発見され、自衛隊の日報問題も出てきて、対談を重ねるたびに、「嘘に支配される日本」はますます嘘が多く、ひどくなっているということを痛感しました。嘘が支配する政治の上に未来はつくれません。

第1章が「私たちはどういう時代に生きているのか」、第2章が「歪められる政治、嘘に支配される日本」、第3章が「憲法はどうなる」、第4章が「民主主義は甦るか」、第5章が「多様な人びとを政治の場へ」というものです。

第1章で、私たちが生きているこの時代について、第2章で、いま歪められている政治、政治の私物化や嘘に支配される日本についてとことん話し合いました。そして第3章では、憲法はどうなってしまうのか、です。自民党憲法改正草案を始め、いま自民党が提案している改憲案の何が問題なのか、憲法が改正されるとどういうことが起こるのかについて話をしました。第4章では、民主主義をつくっていくこと、これからの課題などについて、第5章では、新自由主義と国家主義の関係、社会民主主義、選挙制度やさまざまな活動について議論しました。民営化という名の営利化や、グローバル資本主義、新自由主義のもとで寡占化された経済や政治のなかでは、すべての人が意思決定の場に参画することはできません。寡占化された経済や政治のもとで、むしろ人びとが民主主義の観客に追いやられていて、あるいは場外に追いやられて、もはや観客ですらなくなり、政治への参画など考えることができない状況にあります。排除されているわけです。寡占化された経済、社会、政治ではなく、どうやってみんなのための政治をつくるのか、社会民主主義についても話しました。

社会民主主義の社会をどうつくっていくのか。社会民主主義の社会をつくらなければならないし、そのほうがいいのだ、という中野さんの政治学者としてのご意見をうかがい、楽しい議論になりました。

中野さんと話していて本当にほっとするのは、中野さんがフェミニストであり、女性を対等なパートナーとしてリスペクトしているからです。中野さんが「みんなの民主主義」と言うとき、女性が必ずそのなかに入っています。女性の政治参画の可能性や、何がそれを阻んでいるかということについても話をしました。

みんなのための政治であるべきなのに、現実は全くそうなっていません。絶望的な状況だけれども、過去を直視し、現在を生き、未来をたくさんの人とつくっていきたい、そんな希望をたくさんの人とつくりたい。楽しく愉快に活動することが、楽しく愉快な未来をつくる。

いまを生きるたくさんの人たちと未来に希望をつくる。そんな本になっていたらとても嬉しいです。

岩波書店の藤田紀子さんには本当にお世話になりました。ありがとうございます。そしてなんと言っても一緒に本をつくってくださった中野晃一さん、そして、この本を手に取ってくださったあなたに心から感謝です。

目次

装丁＝桂川　潤

第1章

私たちはどういう時代に生きているのか

フランス、スイスで子ども時代を過ごす

福島　中野さんは帰国子女でいらっしゃるんですよね。

中野　そうなんです。個人的なことで言うと、私は戦後日本の恩恵を受けて育ったという意識が強いんです。父親の勤め先が電電公社だったので、半ば公務員のような感じでした。社宅がある、中産階級の家庭で育ちました。当時としては中ぐらい、あるいは中ぐらいよりもっと恵まれた生活をしていたと思います。

父親の仕事で幼稚園の時に一回フランスのストラスブールに行って、そして一度日本に帰ってきて、その次は小学校の時にスイスのジュネーヴで暮らしました。そういう海外体験が、自分にとって大きな影響があったと思います。子どもなりに個人の権利というものを意識するようになったのではないかと思っています。

福島　フランスとスイスですか。社会民主主義が根付いていますよね。

中野　そうですね。すごく印象に残っているのは、たとえば缶蹴りで、ずるをして近くに隠れていたりすると、鬼だった人が文句を言うのに、日本語だったら多分「ずるい」と言うと思うのですが、「君にはその権利がない」という言い方をするんです。英語で「権利」は「ライト」(right)、フランス語では「ドロワ」(droit)と言います。日本語の「権利」は子どもがあまり使う言葉ではないけれど、フランス語では普通に使うんです。小学校三、四年生の時だったと思うのですが、そのことがすごく

印象に残っています。

小学校六年生の時に日本に帰ってきて、何かを言った時、「日本ではそういうことは言わない」と友だちに言われて逆カルチャーショックを受けました。当時はまだ帰国子女自体が珍しかったので、「本当の日本人」ではないという括り方をされたこともあります。

ですから、長いあいだ、自分は日本社会のなかではみ出し者なのだと思っていたんですよ。ですが、その後も海外の大学に留学し、研究者になって大学に就職して、ある時にふと思ったのは、戦後日本の経済成長、繁栄と平和を享受してきたということだったんです。

父親が企業で働き、母親は専業主婦で、姉がいて自分がいるという、戦後の典型的な家族です。だからけっして日本のなかでマージナルなのではなく、むしろ日本の繁栄と平和の恵まれたところをもらっていまの自分があるのだなと思ったんです。そしてそれが壊されそうになっている時に、相変わらずすました顔をして、研究者です、大学で授業をやっています、というだけではいけないのではないかなと思ったんです。確かにさまざまな問題がある、変えていかなくてはいけない、しかし、戦後レジームを終わらせてしまうというのは違うと、その恩恵を受けてきた者として傍観しているわけにはいかないと思いました。

福島 なるほど。フランスとスイスですから、最初に身につけた外国語はフランス語ですよね。

中野 父が最初にフランスに行った時には、フランス政府から奨学金をもらっていました。父は一度休職をして、ストラスブールの大学に行っていたのですが、フランス語ができるようになったので、二回目のときは事実上ジュネーヴに電電公社が代表部を出しているような感じだったと思うんですね。

小さな駐在員事務所でしたが、外交官的な仕事がメインだったんだろうと思います。かつての逓信省が電気通信省と郵政省に分かれて、電気通信省から電電公社と国際電信電話株式会社ができたのですが、電電公社は半官半民でした。

福島　ジュネーヴには国連人権理事会があるので、弁護士時代に何回か行ったことがあります。国際人権規約のB規約(自由権規約)に関する理事会を傍聴しました。ジュネーヴは、物価は高いけれど、ＩＬＯ(国際労働機関)もあるし、国連本部があるニューヨークよりもコスモポリタンな雰囲気がありますよね。それに、ストラスブールには欧州評議会があります。

中野　そうなんです。ジュネーヴでは小学校は現地校に通っていて、週一回補習校に通っていたのですが、小学校自体、ジュネーヴ出身のスイス国籍の子どもたちばかりではありませんでした。当時一九七〇年代の後半なので、まだまだ白人が圧倒的に多くて、いわゆる有色人種、とくにアジアから来た子どもはほとんどいなかったのですが、それでも国際的な社会が小学校にもあって、その社会のなかでいろいろな体験ができたのはとても貴重なことだったと思うんです。

そのころ、一番仲の良かったのが、韓国人の子どもだったんです。その子とはフランス語で会話していました。当時、韓国はまだ軍政下で、恐らくお父さんは外交官だったんだと思うんです。中南米のどこかからジュネーヴに来たと聞きましたから。私がジュネーヴを去ってからは音信が途絶えて、いまどうしているのかなと思うこともあるのですが……。

韓国人の友だちができて、子どもなりに歴史について断片的な知識を得るようになって、「昔、僕らの国が戦争をしていたみたいだけど、いまは仲良しだよね」と話したことを覚えています。

その子とはよく行き来していました。あるとき、その子の家に彼のお母さんのほかに知らないおばさんがいて、私に韓国語で話しかけてきたのですが、分からないからきょとんとしていたんです。そうしたらそのおばさんがお母さんに向かって何か話し出して、顔色が変わって、怒鳴り始めたんです。その場はお母さんが「まあまあ」と抑えてくれて、結局、友だちと外で遊ぶことにしました。

そのときは何が起こったのか全然分かりませんでした。もちろん子どもだから大して気にもとめないわけです。いま思い返すと、恐らく日本の植民地支配の下でつらい経験をして、子どもとはいえ韓国人が日本人と仲良くしているのを見て、つい頭に血が上った可能性があるのだろうなと、日本に帰っていろいろ学ぶなかで自分なりに解釈したりしていました。これもまた、日本の戦後の一部です。

一九七〇年代の当時は、いまと比べてもはるかに戦争の傷跡が生々しく残っていたと思いますし、日本で流行っていたアニメでも、主人公が孤児のものが多かった記憶があります。「みなしごハッチ」や「てんとうむしの歌」なども、戦争の傷跡だったんだろうと思うんです。

ジュネーヴでの小学校時代でほかに印象に残っているのは、宗教のことです。宗教改革について学んで、遠足でカルヴァンの像を見に行ったりしたこともありました。そのころ、「君はカトリックかプロテスタントか」とお互いに聞き合うのが流行りだしたんです。私は困って、親に聞いたら仏教徒だと言うのでそう答えたのですが、仏教について何も知らなかった。このような感じで、多様な社会において、互いの違いを確認しながら共存していたわけです。

福島　スイスは言語も多様ですよね。ドイツ語、スイス語、フランス語、英語が混在しています。

中野　公用語はドイツ語、フランス語、イタリア語で、加えてスイス語と言ってもいいのですが、ロマンシュ語という話者がとても少ない言語があります。ですから、鉄道や道路標識など、必要なところには全部四つの言語が並んでいます。多言語・多宗教・多民族の社会を経験した後、日本に戻ってからは、自分は日本のなかでは異質な存在なのだとしばらく思っていましたが、国際化――いまはグローバル化と言いますが――が進んでいくのを見ていて、「ああ、自分は恵まれていて、先に行っていただけなんだ」と思いました。その後、一九九〇年代には日本もどんどん多様化してきて、社会が暮らしやすい方向に向かっていくと感じたことを覚えています。

なぜ政治学者を目指したのか

中野　その頃に気がついたのは、私自身、戦後日本の恩恵を受けてきたので、ある種のミドルクラスギルト(中産階級の罪悪感)があり、それなりの責任がこの社会に対してあるはずだということでした。それまでは、日本社会は閉塞的で、息苦しいと思っていました。世界や人類に対して恩義を感じているけれども、日本に対してはとくにないという思いがあったのです。

ですが、あるとき、自分は日の当たるところを歩ませてもらってきたという意識がすごく強くなって、世界に対してだけでなく、日本に対しても自分にできることをしたい、そこから逃れてはいけないという気持ちが強くなってきたんです。

福島　そうなのですか。大学の学部時代は哲学を専攻していましたよね。

中野　哲学の卒業論文は功利主義をテーマに書きました。ベンサムやミルなど、政治哲学・法哲学に近い部分です。海外体験の影響もあるのか、物心ついた頃から政治と文学の両方に興味があったんです。将来どっちをやろうかなと、ずっと揺れ動いていました。人間は社会と合わない自分というものに向き合わざるを得なくなるときがあるのではないかと思います。フランスの幼稚園時代はほとんど記憶にないのですが、スイスでは、言葉ができないのに現地の子どもたちのなかに入れられて、半年間ぐらいは全然友だちもできず、ぽつんと一人でした。サッカーなどで一緒に遊ぶようになって、言葉がだんだんとできるようになってきて、友だちができたのですが、それまでは孤独でした。いじめというほどのことではないけれども、からかわれたり差別されたりした経験もありますから。スイスでも、日本に帰国してからも、社会のなかで浮いている自分に向き合い、自分とは何なのかを考えることがありました。そのときに文学に救われて、どんどん読みだしたんです。その一方で、「やっぱり社会を変えていかなきゃ駄目じゃないか」という意識もあったので、中学校も高校も生徒会をやっていました。ですが、大学に入ったときはやはり文学に進もうと考えていて、同人誌を作ったこともあったんですよ。

福島　どんな文学に関心があったのですか？

中野　いろいろ読みましたけど、好きなのは長めの作品です。日本の作家では夏目漱石、海外の作家ではトルストイとかも好きですね。トルストイでは大学の頃に文庫本で読んだ『戦争と平和』や『アンナ・カレーニナ』が好きでした。あとはイギリス文学でしょうか。ジェーン・オースティン、ジョージ・エリオットとか。

福島　イギリス文学は女性作家がいいですよね。夏目漱石やロシア、イギリスの小説を読んで、哲学に進んで功利主義をやった後、どうして政治学に行くのですか。

生きづらさを感じたときに文学に救われたとおっしゃっていましたが、私自身はフェミニズムがとても元気にしてくれたと思っています。自分がどうして生きづらいかという一つの問いに対する回答がいろいろなところにある。ですからLGBTにもすごくシンパシーがあります。自分が何者であり、どう生きていきたいかを考えるとき、社会の価値観とぶつかることがある。「女の子はこういうもの」という通念とは明らかに違う立場で生きてきました。「あなたは骨のある女だから、思う存分生きていきなさい」という母の言葉に元気よく送り出されたところがあるのですが、生きづらさはどこかで感じていました。だから、自分は法律という「武器」でこの社会を変えていくのだ、と思っていたところがあります。私は「バイリンガル」なんですよ。法律は男言葉・官僚言葉・役人言葉ですから。自分自身では女言葉を話し、女性のアイデンティティを持ちながら、「武器」として法律を使って、楽屋では女としてシスターフッドでくつろぎながら、その一方で社会を変えるぞ、という二刀流を行き来しています。

中野　私もいままでも文学と政治を行き来しているところがあると思うんですよ。元気のいいときは、やはり社会、政治を変えていきたいという思いに動かされています。この生きづらさはみんなにとっても生きづらいのだから、そこを変えていきたい、生きやすい社会にしたいという思いがあって、より積極的に打って出るときもあれば、その一方で、やっぱり何かある種あきらめに似たムードになったりすることもあります。ただ、生きづらさというものは、生きていくことに必然的に伴うのかもしれない。それをつぶさに観察したり、考えたり、叙述したりすることには意義があると思うんですよ。

言葉には現実を描写する力と現実を変える力の両方があります。先ほどバイリンガルと言われましたが、その両面がそれぞれ大事だと思います。現実を変えていくために発せられる言葉がどういう力を持ち得るのかが問われる局面もあれば、できるだけ正確に自分の心情や世界を描写・叙述することに使いたい言葉もある。私自身、その二つのあいだを行き来しています。

一九八八年に東大の文Ⅲに入って、すぐに一年間休学しました。それは日本のことをよく知らなかったからなんです。ジュネーヴから帰ってきて以降、両親が祖父母の世話をするというので埼玉に住んだのですが、結局東京とその周辺しか知らない。ヨーロッパは体験があるけれども、日本のことを知らないというのがあって、それでちょっとあちこち見て回りたいというので、一年間休学して北海道や九州に行ったりしていました。そんなことをしているうちに、一九八九年になりました。昭和天皇が亡くなって、天安門事件があって、総選挙で社会党が躍進して「山は動いた」。総理大臣も竹下、宇野、海部と次々に変わって、秋にはベルリンの壁が崩壊して……。その激動のなかで自分は何をやっているんだろう、と考えたんです。

それでやはり勉強しようと思ったのですが、哲学をやってみて、認識論や存在論に圧倒されました。これで飯を食っていくのは無理だなと思ったんです。生計を立てることのほかに、社会に対してどういう役割が果たせるかを考えたとき、適性で言えば、哲学はきついので、政治学をやろうと思いました。

哲学科にいるときから実践的な方向に進もうと考えて、それで功利主義を勉強しました。そのタイミングで父がＮＴＴのロンドン駐在になったのですが、オックスフォード大学に哲学と政治学を一緒に勉強できる学士コースがあることを知って、また親に助けてもらってそこに進むことができました。

オックスフォード大学で哲学と政治学の学士号を取って、そのあとは奨学金ももらってアメリカの大学院で政治学を学びました。

博士論文のテーマは、日本とフランスの地方分権の政治過程の比較研究でした。日本では村山政権で地方分権が推進されたのですが、フランスでも社会党のミッテラン政権下で地方分権改革が進められたのです。日本もフランスも伝統的に中央集権で官僚制が強いという特徴があって、国家主義的な伝統が強い国家で、社会党が政権に参加したときに地方分権が進められたのはなぜなのか。社会主義は本来中央集権志向で、国家の力で社会を変えていくことを目指しています。面白いのは、日本の社会党もフランスの社会党も政権交代できない時代が続くなかで、地方自治体の長になった社会党の政治家が改革を進めたことです。

福島　ストラスブールでは社会党の市長が誕生して、車なしでも住みやすい街にする改革が進められました。地方から改革が進んでいったのですね。

中野　そうなんです。村山政権で官房長官を務めた五十嵐広三さんは、旭川市長時代に日本初の歩行者天国を作りました。東京の美濃部都政だけではなく、旭川も含めて、一九六〇年代の後半から七〇年代にかけて革新自治体が次々と誕生するなかで、日本社会党はそれまでの中央集権志向から地方分権的な方向に変わっていく。

同じような過程がフランスの社会党でもあったんですよ。フランスでも日本でも戦後の高度経済成長時期に保守政権が国政を担っていたけれど、地方の新たな変化に対応できていなかった。そうしたなかで、左派が地方の首長選挙に勝っていって、そこでイデオロギー自体も変わってきて、ついに政権交代が実現する。フランスと日本ではもちろん違いはありますが、地方分権推進から政権交代に至り、それによって民主主義がどう深まるのかが博士論文のテーマでした。その過程で日本の自治省を中心に官僚制を研究し、さらに内務省の系譜を研究して、その成果を『戦後日本の国家保守主義』(岩波書店、二〇一三年)という本にまとめました。

女性のあり方／男性のあり方

福島　中野さんには年子のお姉さんがいるそうですが、私にも年子の姉がいます。姉の真似をして、ちょっとませていたところがありました。

中野　いまに至るまで姉ととても親しいです。可愛がってもらいましたし、ジュネーヴにいた頃、友だちがなかなかできなかったときは姉や姉の友だちがかまってくれました。

福島　お姉さんはキーワードかもしれないですね。

中野　キーワードです。もっとも強烈な形で影響を受けています。たとえば大学時代に姉が生理になるとお腹が痛いと寝ているわけです。心配して声をかけると、「退屈だからコンビニで『non・no』を買ってきて」とか言うわけですよ。思春期の弟にそれを要求するかと思いましたが、仕方がないから買いに行きました。いま思うと、そういうことが自分の「男としての沽券《こけん》」のようなものを見事に壊してくれた感じがするんです。

父は東京の下町の出身で、町人文化のなかで生まれ育ちました。町人文化というのは——母は山の手出身なのでよく文句を言うのですが——、あまりみんなでそろって食事を取る習慣がないんです。

お店をやっているので、食べられる人が食べられるときに交代で食べる。父には「男子厨房に入《い》らず」というところは全くないんですよ。炊事洗濯もよくやっていました。そういう父親を見て育ったのは、すごく幸せなことだったと思います。

福島　戦後日本のいいところを享受したとおっしゃっていましたが、ほんとうにそうだと思いました。私は九州の宮崎の出身ですが、私自身も、戦後民主主義や男女平等の恩恵を受けてきたと思っています。高校生の頃にウーマンリブが始まって、家庭科男女共修や世界女性会議が新聞や雑誌で広く話題になっていました。一九歳か二〇歳の頃にリブの女たちが開いた「魔女コンサート」にも行きました。コンサートでは中山千夏さんが司会で、それ以来中山さんのファンです。喫茶店の「帚星《ほうきぼし》」や「リブセンター」にも遊びに行きましたよ。私自身はウーマンリブの世代ではないのですが、先輩のお姉さんたちが生き生きと頑張っているのを見て、女の子も元気でいいんだというメッセージを受け取りました。

父は特攻隊の生き残りで、母も戦争でひどい目に遭ったから、二人とも戦争反対で、平和と憲法が大事と言っていました。そういう価値観のなかで育ったので、戦後レジームからの脱却ではなく、戦後的なものが大切だと思っています。

実は母は昨年(二〇一七年)末に亡くなったのですが、母は自分のことよりも夫と子どもや孫を最優先に生きてきた人だったと思います。二人の姉妹を全面的に応援してくれました。親の愛情のシャワーを浴びて、のびのび育つことができたんです。存分に意見を言っても、「そんなことを言っちゃいけません」と叱られたことはありませんでした。

中野　福島さんを見ていてそれは感じますよ。宮崎と東京、帰国子女体験という違いはありますが、それぞれに戦後日本の歩みのなかで、いまから考えると、もっと自由で前向きな空気のなかで育った経験は共通していますよね。

いま市民運動に関わるなかで、同世代の男性が少ないことに驚かされます。働き盛りの世代なので仕事が忙しいのでしょうか。ママの会の女性たちには同世代がいるのですが……。

福島　その世代が変わってくれないと駄目ですよね。最も新自由主義に染まりかねない世代です。

中野　そうなんです。同世代で声を上げているのは、私と同じように、戦後日本の歩みを享受してきた人たちです。管理教育だとか、いろいろな問題はあったにせよ、いまよりもっとリベラルな空気がありました。それが、バブルで浮かれ、目が覚めたらこんなことになっていた。それで焦りだして、市民運動に関わるようになった人たちが同世代にいます。

それを見て、改めて戦後日本の歩みも捨てたものではないというか、捨ててはいけないものだと思ったんです。その上にさらに積み重ねていくべきもの、そしてもちろん変えるべきところは変えるべきであって、全否定して、「戦後レジームからの脱却」をしたり、小池百合子さんや橋下徹さんのように「リセット」したりしてはいけない。

福島　とりわけ東京電力福島第一原発事故以降、政府を信じていたらとんでもないことになる、と実感した人たちが増えたのだと思います。まさに目から鱗で、落ちた鱗を拾ってもう一回目に付けるわけにはいかない。

中野　男性は全体として会社組織に組み込まれていて、男性中心社会が出来上がっています。会社組織だけでなく永田町もそうですが、上に行けば行くほど女性が少ないという現実が厳然としてあります。そうしたなかで、空気を読んで順応することによって利益が得られると考える人の割合は、女性よりも男性のほうがはるかに大きいわけです。男性にとっては、「日本株式会社」と言われていた時代からずっと、組織人間になることが、ある意味、理に適っているけれど、女性はそんなことをしても報われることはなく、メインストリームになることはほぼない。必ずどこかで排除されたり、天井にぶつかったりするようにできている。だから女性は空気を読まないというか、「王様は裸だ」と言えてしまう強さがあります。ただ、ママの会の女性たちのなかには、「私がこういうことをしているのを、実は夫は知らない」と言っていた人がいました。夫と話す時間がない、ということなのかもしれません。

福島　一昔前になりますが、妻が生協の活動や市民運動をやっていて、夫がエリートサラリーマンというケースでは、妻が議員になったりして活動の幅を広げていくと、夫が嫉妬して亀裂ができるということもありました。二人の文化がずれていくんです。そういう例をいくつか見聞きした覚えがあります。

私自身、もし戦前に生まれていたらノイローゼになっていたかもしれません。国立大学に進学できる女性はごくわずかでしたし、職業選択の幅も非常に狭い。それに選挙権・被選挙権もないわけです。「押しつけ憲法だ」と言う自民党の議員がいるのですが、日本国憲法下で生きたいか、大日本帝国憲法下で生きたいかと言えば、大日本帝国憲法下では女性には選挙権・被選挙権がなくて国会議員になどなれないわけですから、そんな世界では生きたくないでしょう。

中野　企業の組織に組み込まれていて、こんなに大きな問題が起きていることにいまだに気づいていない人もいると思うんですよ。私の同世代の人たちは本当に働き盛りです。そういう人たちはアクセスする情報がきわめて限られています。目を通しているのは日本経済新聞くらいで、家で読売新聞あたりを取っていてもほとんど読まない。夜遅くまで働いているのでネットもそれほど見ない。SNSも週末に少し見たりするくらいではないでしょうか。そうすると、安保法制やアベノミクスなどの問題点もあまりピンと来ていない。

メディアも国民メディア的なものは崩壊した状態になっていて、論壇誌も成立していない。SNSもタコツボ化している。

ポイントは、たとえば、配偶者と話していて、「あれ？　どこかで「曲がり角」を間違えたんじゃない？」だとか、子どもの授業参観に行って、「この授業って何？　道徳でこんなことやるようになっているの？」とかと気づくかどうかです。何が気づきのきっかけになるのか分からないのですが……。

さまざまな分断

福島　ほんとうにその通りです。団塊より上の世代では、学費は月に一〇〇〇円でしたが、いまの国立大学の授業料は年間約五四万円で、大学生の半分が奨学金をもらい、七割が有利子で、平均して三〇〇万円の借金を抱えている。そういう現状が月に一〇〇〇円の世代の人たちには分かっていない。それに、教師や研究者になれば日本育英会の奨学金の返済は免除されていましたが、その制度もなくなりました。ですが、免除されていた世代には、いま返済している人たちの苦境が分からない。

中野 それに関連して、冗談のような話があります。テレビ局から反貧困運動に関わっている方に、貧困問題を取材したいので当事者を紹介してほしいと連絡が来たそうなのですが、「テレビ局にいっぱいいますよ」、と。これは分断統治の結果なんですよ。英語でディバイド・アンド・ルール(divide and rule)と言いますが、人びとを分断することによって支配するというやり方です。新自由主義が社会、経済、政治をズタズタに切り裂いて、各自がそれぞれのタコツボに入ってしまって分断されていることによって、お互いにいがみ合ったり、無理解である結果、強権的な支配や富の偏在の餌食になってしまう構造ができている。それをどう乗り越えるのかが課題です。

福島 レベルは違うけれど、一九八九年、「セクシャル・ハラスメント」が流行語大賞を取った時に、よくメディアの人から「セクハラに遭っている人を紹介してください」と言われて、もちろん紹介はせず、「実はあなたの隣にいるんじゃないでしょうか」と答えたことがあります。それと同じことが国会でもあります。野党は政府に対して、貧困の固定化と中間層の没落、貧困の格差拡大について質問をするわけですが、自民党の人たちは違うことを質問するんですよ。彼らは多分とても羽振りがいい人たちと付き合っているんです。

中野 いまの自民党は完全に世襲議員の政党になっています。事実上の貴族制であって、マリー・アントワネットのように、「パンがなければブリオッシュを食べればいいじゃないの」という世界になってくるのだなと思います。

福島 たとえばタクシーの運転手さんたちは、小泉構造改革の規制緩和で年収がガンガン下がって、沖縄など六つの県で当時年収二〇〇万円以下になったんです。沖縄では、地元の琉球大学に入るのに年間約五四万円かかる。このお金をどうやって出すのかと小泉総理に聞いたら、「我が国はどんな子どもも自分の受けたい教育を受けられるようになっております」と答弁したんです。ほんとうに驚きました。高校の校長が、自分の高校の生徒が大学に合格したけれど、入学金・授業料が払えないために、入学を辞退する文書を書くことがあるそうです。

努力が足りないからこうなっているわけではないのに、頑張りが足りないと言われる。そういうことを言うのは新自由主義の恩恵を受けた人たちです。政治家も、テレビのコメンテーターも。

中野　既存のシステムで成功している人たちは、自分が上げ底されていることをまったく意識していません。これはジェンダーにおける差別についてもそうです。男性は自分がどれだけ上げ底されているのか分かっていなくて、女性を優遇する必要はないと言う。

だから私の世代ではブラックバイトという言葉を知らない人が多いと思うんですよ。バイトというのは小遣い稼ぎでやるものだったから、辞めようと思えば辞められると思っているわけです。ところがいまは、本当に学費と生活費を稼ぐためにアルバイトをしているので、簡単に辞めるわけにいかない。それがブラックバイトにつながっているのですが、それが分かっていないんです。

福島　親も賃金が下がっていて、仕送りの金額が平均して下がっているのに、大学の学費は上がっている。

でも、女性議員でも上げ底されていることに気づいていない人がいます。中野さんのお連れ合いの三浦まりさんが『日本の女性議員』(朝日選書、二〇一六年)という本を書かれていますが、「女性と言ってほしくない。実力で議員になったのだ」と言われることがあるとおっしゃっていました。私自身は先輩の女性たちから恩恵を受けましたし、周囲の人たちの頑張りに助けられているのですが……。

中野　それはありとあらゆるエリートに共通しているところだと思うんです。自分の成功体験は自分のおかげなのだと正当化していく。

国家に委ねたい

福島　こういう分断が進むのと同時に、選択することを嫌がる人が増えているように感じます。選択的夫婦別姓についても、別姓が認められると、同姓が劣っているように言われて嫌だとか、同姓しか選択肢がない方が気が楽だとか、そう考える人がいます。そのほうが日本の文化にふさわしいと言うのですが、どうなのでしょう。

中野　決定権が個人にあるのか国家にあるのかですね。国家に委ねてしまったほうが楽だと言う人は一定数いて、あるいは、国家が決定すべきだという権威主義的な発想から人にそれを押し付けたい人もいる。そういう人たちは、日本の外にもいるのだと思います。そういう意味での国家主義が存在します。国家の決定を優先するか、個々人の決定をできるだけ尊重するように法律や政治の枠組みを変えていくべきかのせめぎ合い。いまの政治の対決軸はこれなんだと思うんです。

これを投票という点から考えてみると、投票に行かない層は変動してきていると思います。一九九三年から投票率は下がっていく。これは政治が分かりにくくなったことが原因だと思います。五五年体制で保革の対決構造が続き、自民党が万年与党、社会党が万年野党ではありましたが、中選挙区制の下で一定の変動があって、自民党にお灸を据えたり、社会党が一九八九年に躍進して参議院の第一党になり、衆参両院でねじれの構造を作ったりすることもありました。けれども、一九九三年に自民党が割れて、新党ができて、投票率が下がり始め、さらに一九九六年の小選挙区制導入以降、下がる傾向が続いていきます。一九九三年が、多くの人が政治から離れて行った一つのきっかけになったことは間違いないと思います。

それから、もう一つのポイントは二〇一二年だと思います。二〇一二年一二月に民主党政権が倒れたときは、自民党への投票が増えて自民党政権に戻ったのではなく、相変わらず投票率は下がり続け、自民党への投票数も低迷しています。小選挙区制において、自民党に対する有意な選択肢が民主党しかないと考えて二〇〇九年に期待して投票した人が、結局民主党政権の崩壊で政治をあきらめたということだと思うんです。

ですから、小選挙区制導入の影響が大きいのですが、それだけではなく、私自身は、冷戦が終わる頃から四半世紀以上かけて、政治自体が新自由主義化しているという認識を持っています。どういうことかと言うと、小選挙区制だけではなく、中央省庁の再編、官邸機能の強化、政務三役などにおけるいわゆる政治主導などが進められました。新自由主義的な企業統治のモデルが政治に持ち込まれているわけです。だから、党首・総理がＣＥＯになぞらえられ、政党間競争が企業間競争のようになってきて、マニフェストという商品・サービス目録を有権者に示す。有権者は消費者です。選挙は消費行動になぞらえられる。

福島　政党の宣伝が企業広告のような感じになっていますよね。

中野　主権者は選挙のときだけ、つまり購買行動をするときだけ主権者になり、それ以外はサービスを受ける客体＝お客様になるわけです。そういう政治のパラダイムが導入されて、チェック・アンド・バランスの機能が排除されていきました。民主党政権でも、内閣法制局が威張っているのはおかしいという小沢一郎さんの論法が取り入れられて、内閣法制局の長官には答弁させないということがありました。

福島　あれは間違っていたと思います。内閣法制局長官に答弁させないから、戦後の法的解釈の積み上げが壊されてしまいました。ただし、安保関連法・戦争法案の審議のときは、内閣法制局長官が、解釈改憲の答弁を繰り返し、立憲主義を破壊しましたが。

中野　法の支配は、現実には官僚制という形で現れます。官僚制には法の執行者としての役割があります。これはマックス・ウェーバー的な理解で、立憲主義、法の支配を具現化する装置としての官僚制があった。ところが、新自由主義改革は官僚制を悪とみなしています。実際のところ、官僚制が逆機能を起こしている、つまり、非効率であるとか、無駄遣いをするとか、あるいは業界や政治家と癒着しているという側面もありました。新自由主義はその側面だけを取り上げて、とにかくこれを壊すことを目指しています。

政治家は民主的に選ばれているのだから——実際には小選挙区制によって大政党が極端に上げ底されているので、民主的と言えるかどうか大きな疑問があるのですが——、全部決めていっていいのだとして、法の支配や立憲主義の原則が壊されていった。これが政治の新自由主義化の一つの側面でした。

官僚制による法の支配や行政の公平性というけれど、行政指導が不透明で、政財官が癒着して、天下りの温床にもなっているので、これを改革してなくしていかなければいけない、というのは一定の合理性がある議論でしたが、実際には官僚制の弱体化を招きました。民主党政権でもすでにきしみがありましたが、安倍政権まで来ると、選挙で政権選択ができるということにおいて、最終的にチェック・アンド・バランスのつじつまを合わせる前提だったのが、選択肢が壊れてしまったことによって、結局ノーチェックの状態になってしまった。それが、安倍自民党一強を招き、国会を廃止したかのような勢いで安倍政権が突き進む状態につながっていったと思います。

福島　確かに政治の新自由主義化が進んでいると思います。たとえば内閣人事局です。この人事局がつくられたことで、七〇〇人ほどいる官僚の幹部の人事権を官邸が持つことになりました。官僚の幹部を支配するということは、その下の部下も含めてすべて支配することを意味します。官邸の覚えがめでたくて、事務次官になれるのならそれでいい。内閣人事局によって、かつてなら、それぞれの省益がぶつかって、他の省庁に釘を刺すこと――厚生労働省が経済財政諮問会議が進める雇用破壊に反対したり、社会保障の切り捨てにストップをかけたり――があったのですが、それがなくなりました。

そして立法府も変わってしまいました。あるとき安倍総理が国会で、「私は立法府の長だ」と発言して、言い間違いだと釈明しましたが、実はほんとうにそう思っているのではないでしょうか。国会に来ると、本会議場でも委員会でも、拍手で迎える自民党の部下たち、手下たち、家来たち……。大企業の社長のような感覚になっているのではないでしょうか。以前はもう少しバランスが取れていたのですが……。

中野　「保守の変質」という問題です。保守が戦後のあり方から新自由主義化していったのです。これはイギリスでは「保守革命」と言われています。サッチャーの新自由主義改革以降、この「革命」が起こったと言われています。

福島　人づくり革命ならぬ保守革命ですね。

中野　保守革命思想としての新自由主義です。イデオロギーに沿って社会を根本から変えていこうという革命的な思想が根底にあります。新自由主義によって、法律、規制、中間団体などがすべて中世の因習に喩えられてしまう。市場が機能するには、それらをすべて壊していくことが必要なのだという発想です。労働規制や安全規制を撤廃して、法律も変えていく。さらには憲法も変えていく。そういう政治的な思想的変換があるのだと思います。そしてそれは永久革命になっていくんです。市場がいまだにきちんと機能していないのは、「革命」が足りないからだということになる。

福島　小泉総理も「改革の途上だ。改革が足りない」と言っていました。新自由主義が間違っているのに、「改革」が中途半端だから駄目なのだ、と言うんですよね。

中野　誰のことも幸せにしていないのに、「革命」をやり続けることになってしまうんです。

第2章

歪められる政治、嘘に支配される日本

アンチリベラルという問題

中野　トランプ政権と安倍政権の共通点は新自由主義化のなれの果てということです。新自由主義化によって、自由民主主義体制に対する信頼が大きく損ねられてしまった、その廃墟に現れた政権です。

アメリカ政治で言うと、レーガン、ブッシュ父、クリントンと続くなかで、民主党政権でも共和党政権でも新自由主義的なグローバル経済によって貧富の差が拡大していきました。アメリカの「ラストベルト」では多くの人たちが職にあぶれ、経済的な見通しが立たないまま置き去りにされています。その一方で、ウォール街やカリフォルニアの一部の地域では高額所得者が豊かな生活を謳歌している。そうしたなかで、自由や民主主義が本来掲げていた理想が信頼を失い、そこにアンチリベラルなムードや排外主義が蔓延して、個人の自由が行き過ぎているという反感が広がっています。

ですから、小泉政権の後に安倍政権が誕生したのは偶然ではありません。新自由主義的な構造改革によって共同体が壊され、多くの人たちが「自分はひとりぼっちだ」と感じているときに、外敵を探して偽りの一体感を醸成する。そしてリベラルに対しては、偽善的だと批判し、フェイクニュースを流して攻撃する。

この状態からどうやって立て直すか。それには社会民主主義的アプローチが必要だと思います。社会に対する信頼やコミットメントを政治のなかで作り直していかなければいけない。ただ、その大前提として、個々人の自由を確保しなくてはなりません。そのために、政府や地域の役割を軸にして政治を転換させることが必要です。

その意味で、アメリカでトランプ政権が誕生したことと、日本で安倍政権が誕生したこととは、基本的に同じことだと思います。一部には熱狂的なトランプ支持者、日本会議のような安倍支持者が存在するのですが、本質的な問題は、投票に行かなくなった五割の人だと思います。五割の人がトランプや安倍さんが好き放題やっていても、とくに目くじらを立てることなく黙認している。このように政治をあきらめているところが問題です。

いま、社会民主主義的な政策や理念をもう一度魅力的なものとして提示することによって、人びとが政治に戻って来るように働きかけていくことが重要です。アメリカで起きていることと日本で起きていることは、表面的にはポピュリズムの議論に回収されがちなのですが、アンチリベラルの政権であることが本質的な問題ではないでしょうか。

福島　おっしゃるように日本でも政治の新自由主義化が進んで、三権分立が壊れつつあります。たとえば自民党の改憲案で出されている緊急事態条項が実現すると、内閣は法律と同じ効力を持つ政令を作ることができるようになります。立法権を国会から取り上げるんです。まさに立法府である国会を亡き者にしようとしています。

かつて自民党は、悪法を成立させるために、会期延長を連発していました。たとえば、一九九九年の周辺事態法、日の丸君が代を定めた国旗国歌法、国会法改悪、住民基本台帳法改悪等々です。盗聴法(通信傍受法)を成立させるために八月の半ばまで通常国会の会期を延長しましたし、二〇一五年の安保関連法のときは九月まで延長しました。「通年国会」と言われたほどでしたが、安倍総理は、いまはできるだけ国会を開かない方針です。森友学園、加計《かけ》学園の疑惑については「俺に聞くな」という姿勢ではないでしょうか。しかも、野党の質問時間を制限しようとしています。

二〇一七年一一月三〇日、参議院の予算委員会で加計学園問題について質問しました。今治市の獣医学部の事業主体が加計学園であるということは、二〇一七年一月二〇日に初めて知ったという総理の答弁は、その前の答弁や質問主意書とも違うので、嘘ばかりではないかと言ったところ、ヤジが飛んで、撤回の騒ぎになりました。委員長が「先ほどの福島君の発言中に不適切な言葉があったとの指摘がありました」と言いました。安保関連法案の審議でも、「戦争法」、「鉄面皮」という表現を削除するように求められたことがありますが、拒否して、議事録には掲載されました。ちなみに、調べたところ、「嘘ばかり」というのは国会でもけっこう使われていることが分かりました。私自身もかつて厚生労働委員会で安倍総理に「嘘ばかり言わないでください」と言ったことがあります。

二〇一七年三月一三日、安倍総理に初めて加計学園について質問をしました。このとき国会で初めて「加計」という名前が出たのです。「加計学園理事長加計孝太郎さんが今治市で岡山理科大学獣医学部をつくりたいと思っているのを知っていましたか」と聞いただけなのに、総理は非常に怒って、「福島さんね、特定の人物の名前を出して、あるいは学校の名前を出している以上、何か政治によってゆがめられたという確証がなければその人物に対して極めて失礼ですよ」、「あなた責任取れるんですか」と脅してきたので「政府の政策が合理的になされているかどうかをただすのが国会です。政府の審査をするのが国会議員の仕事で、野党じゃないですか。その質問に対して、何で総理はそう恫喝するんですか」と反論しました。安倍総理は三権分立とは何かが分かっていない。そして政府をチェックするのが国会議員、とりわけ野党議員やメディアの役割であり、それは民主主義の必要経費だということが分かっていないんです。

中野　そうですよ、分かっていません。私は新自由主義が行き着いた果てが、反自由主義(アンチリベラリズム)だと思っています。それが安倍政権です。安倍さんは企業主義(コーポラティズム)的なところもあり、小泉さんとも異質です。新自由主義化のなれの果てが安倍さんやトランプだと思うのですが、純粋な新自由主義とはちょっと違っています。アベノミクスにしてもそうです。

福島　そうですね。トランプさんは「アメリカ・ファースト」で孤立主義。安倍総理は中野さんの言う企業主義、あるいは大企業主義と言ったほうがいいでしょうか。

中野　その意味では、いまの日本は重商主義になってしまったかのようです。これは教科書的な新自由主義とは全然違う。経団連と一緒に、総理が直接原発や武器を輸出しようとするというのは、どう見ても新自由主義ではありません。異質なものになりつつあるのですが、ただそれが新自由主義とは異なると言い切れるかというと、そうではなくて、結局なれの果てなんですよ。新自由主義の本質を捉えている部分があると思うんです。

というのは、新自由主義は一応古典的自由主義をなぞらえています。古典的自由主義の思想家アダム・スミスは、市場は「神の見えざる手」によって動くと述べました。古典的自由主義は、現代のようなグローバル企業の時代に構想されたものではなく、家族経営など非常に小さな企業単位の時代のものです。市場に国家が介入するべきではないし、市場も国家に介入するべきではないというのが古典的自由主義の原則です。

新自由主義は、いまとは経済システムがまったく異なる初期資本主義の時代のイデオロギーを、現代に持ち込もうとしているわけで、そもそも無理があります。そのため、言っていることとやっていることが違ってきます。市場と政治は切っても切り離せるものではありません。新自由主義的に労働組合を叩き、労働規制、安全規制をなくしていくと、結局、政治のバランスが企業の側に有利な形に変わっていき、その一方で労働者を代表する側の力がそがれていく。その結果、政治が企業主義に転化していくことになります。

実際に市場が自由化されているかというと、自由化されている面もありますが、国家権力との癒着が進んでいることは明らかです。戦後日本の歩みにおいては、一定の法的な規制や政治慣行を重視して、たとえば審議会に公益代表や労働側の代表を入れるようにしてきました。安倍政権にとっては、それらはすべて乗り越えるべきものになっています。ルールをつくり、そのルールに則って物事を進めていくのではなく、規制や法律は乗り越えていくものだという発想が新自由主義にはあります。ですから、まずは労働規制を破っておいて、現実に合っていないから規制を変えるべきだとする論法が横行しています。

同じように、政治の側にも、ルールというものは行政府が企業のようにやりたい放題に振る舞うことの妨げになっているから、乗り越えるべきだという意識があります。だから、三権分立も邪魔だということになる。新自由主義的な政治観の古典と言えばシュンペーターだと思いますが、そこには三権分立という発想は乏しく、選挙が重視されています。民主主義の実態は統治するエリートを選ぶところにあるのであって、選ばれた統治エリートがやりたいようにやる。それが気に入らなければ選挙で替える、というものです。安倍総理が「立法府の長だ」という意識を持つ理由はそこにあります。

国家に寄生する政治家たち

福島　でも安倍総理は統治エリートなのでしょうか。単なる世襲議員なのでは……。

中野　それを指して、私は「国家に寄生している」と呼んでいます。世襲議員による国家権力・国有資産の私物化は、議員自身が国家に寄生して、国家を食い扶持にしていることから来ています。

福島　だから意識のなかから「人びと」が消えて、自分と国家が一体になっているんですよね。自分と国が一体だから「日本を、取り戻す。」と言えてしまう。

「貴族は単に生まれることしか苦労していないじゃないか」とモリエールが言いましたが、世襲議員はその貴族に似ています。個々人では努力したり苦労したりしたことはあるのかもしれませんが、自分が国と一体化して、上から目線を身につけます。安倍内閣が進めている「人づくり革命」というのも世襲議員的な発想ですよね。人間をコマのようにしか見ていないんですよ。

中野　国家に寄生している統治エリートには、国家権力に対する警戒感がありません。

福島　憲法は一二一五年のマグナカルタに起源があります。イングランドのジョン王に対して、貴族たちが「勝手に課税にするな、統治は法に則って行え」と突き付けたのがマグナカルタです。このように、憲法はまさに国家権力を縛るものであり、日本国憲法は九九条で「天皇又は摂政及び国務大臣、国会議員、裁判官その他の公務員は、この憲法を尊重し擁護する義務を負ふ」と規定しています。

いくら「あいつは気に入らないから投獄したい」、「あいつの表現の自由を規制したい」、あるいは「戦争をしたい」と思っても、日本国憲法がそれを止めている。

ですが、「憲法は権力を縛るものではないか」と国会で安倍総理に質問すると、「それは古い憲法の考え方だ」と返ってきます。憲法というものが分かっていない。野中広務さんや後藤田正晴さん、そのもう少し前の世代は、権力は乱用してはならない、権力はとても怖いものだという意識があり、権力を行使する時には細心の注意を払わなくてはいけないと考えていました。権力は誤ることも暴走することもある。権力の行使については、権力者は細心の注意を払わなくてはいけないという意識が、安倍総理には一ミリもないですよね。

中野 そうですね。そこには戦争体験の継承の断絶があると思います。村山内閣の時に戦後五〇年で、いまや七〇年が過ぎました。直接戦争を体験した世代の政治家が保守政界から消えていくなかで、国家権力が暴走するとどういうことをするのかという認識が受け継がれていないと思います。保守の側にも一定程度あった規律、あるいは警戒感のようなものがかなり失われつつあります。その意味で安倍さんは象徴的です。戦後生まれであるだけでなく、一九九三年に初当選して、ポスト冷戦期に政治家になっているんです。安倍さんには、チェック・アンド・バランスで国家権力を抑制するのは時代後れだという発想が強くあると思います。

それに、先ほど世襲の話が出たのですが、私は二世議員と三世議員以降は違う部分があると思うんですよ。

福島 「売り家と唐様で書く三代目」という川柳がありますね。

中野　河野一郎・洋平親子、福田赳夫《たけお》・康夫親子が典型的だと思うのですが、河野洋平さんや福田康夫さんは二世の負い目を感じているところがあると思えます。「自分は一世が作ったものに乗っかっているだけで、本物じゃない。上げ底をしてもらっているのだ」という意識のある人が一定数いたと思うんです。ところが三世になると、完全に特権が当たり前になっています。そういうためらいがなくなって、国家を私物化する割合が高いというのが、私のひとつの見方です。

福島　小さい時からそれが当然だと思っているのでしょうね。

法治国家から徳治国家へ？

福島　政治の歪みということでは、稲田朋美さんが「日本は世界の他の国とは違う。道義国家だ」と言うのですが、その道義国家とは何なのかよく分からないんです。どうやら教育勅語に根ざしているようなのですが。中野さんが『右傾化する日本政治』（岩波新書、二〇一五年）で書いているように、かつては国家主義的な考えを持った国会議員がその考えをそのまま述べると批判を受けて辞職したりしていましたが、いまは国家主義が世の中を席巻しています。

中野　彼らが共通に持っているのは、「日本は道義国家であって、徳の源泉が国にある」という考え方です。だから徳治主義なんですよ、法治主義ではなく。

国を法律で縛ったり憲法で縛ったりするのは時代後れだという発想がそこにはあります。法治国家ではなく徳治国家です。つまり徳が法に優先し、徳の源泉が国家にあって、国家を司っている自分たちは無謬の存在です。その意味で、いまの天皇は不都合な事実なんです。彼らからすると、いまの天皇は、戦後的な価値観に毒されているように見える。それでもやはり天皇のシンボルを使いたい。そのせめぎ合いが見え隠れしているのだろうと思います。

福島　天皇を崇拝する人びとというのは、天皇が「生前退位をしたい」と言ったなら、それに従うのかと思っていたのですが、むしろ熱烈な天皇制論者のほうが批判的だったことに驚きました。

中野　結局、天皇は機関と言うか、「國體」のエッセンスなんですよ。だから天皇が個人としての天皇の自由意志で退位することを認めるわけにいかないんです。いまの天皇・皇后や宮内庁の一部は、天皇制を維持しつつ、天皇制をノーマライズ、あるいは西洋化しようとしているのではないでしょうか。生前退位はその試みの一つです。これは天皇制を延命させるための一つの知恵です。西ヨーロッパの王室のように皇室をソフトランディングさせようとしている。

福島　イギリスのエリザベス女王も王室改革を進めようとしていますよね。

中野　そういうことなんです。それに対しては左右両方から批判がありますよね。左からは、天皇制そのものへの批判、右からは、皇室と西洋の王室は違うから、「ノーマライズ」などできないという批判です。神の国であり道義国家である日本は、他の国家とは違うのだという狂信的なイデオロギーを持っている人たちが、天皇がアメリカと戦後民主主義の価値観に毒された結果、象徴天皇としてそんな行動を取ることなど許されないと考えているんです。

福島　戦後、天皇の家庭教師だったヴァイニング夫人は、クエーカー教徒でしたよね。それに、埼玉県の高麗《こま》神社に天皇・皇后が参拝に行ったら、「反日」とネトウヨが批判していてびっくりしました。

中野　そこは彼らからすると頭が痛いところでしょう。天皇はA級戦犯が合祀されている護国神社には行かなくなっているけれど、合祀されていない護国神社には行っていたりする。ここには相当明らかな意思が示されています。私は靖国の問題というのはA級戦犯合祀だけではないと思っているのですが、少なくとも昭和天皇以降、合祀によって一線を越えたという認識を持っているわけです。

もちろん象徴天皇であることを考えると、天皇がNHKに出演して政治的な意味合いを持つ発言をしたのはどうなのかも問われてきますが、それは結局、官邸とのコミュニケーションがうまく行っていないからでしょう。相互にきわめて強い不信感を抱いているのは間違いないでしょうね。

福島　安倍総理は稲田朋美さんを未来の首相候補と考えていたという説がありますが、それに近い形で抜擢していきました。稲田さんが「教育勅語の精神を取り戻すべきだ」と言えてしまうからなのでしょう。そして、森友学園問題で言えば、安倍昭恵さんが応援したのは本当だと思いますよ。教育勅語を暗唱させる塚本幼稚園だからこそ応援したのでしょう。昭恵さんが、「せっかくこの幼稚園で子どもたちに「芯」ができても普通の公立の小学校へ行くと、それが崩れてしまう」と発言しています。それに、籠池前理事長によると、昭恵さんが一〇〇万円を手渡しながら、「一人でさし《ママ》て申し訳ありません」と言ったと聞いています。

中野　安倍さんたちは、教育や社会全体の価値観を教育勅語中心に変えていきたいと考えていると思います。道徳教育の推進もその一環でしょう。人権教育をしたくないから道徳教育をするわけです。

福島　第一次安倍内閣で教育基本法が改悪され、そして二〇一八年四月からは小学校で道徳の検定教科書が使われています。子どもたちが評価されます。参考までに戦前の修身の教科書を取り寄せて読んでみたのですが、冒頭に天皇が行幸する姿が配置される。四月から使われている小学校の道徳の教科書も子どもたちを鋳型にはめて、秩序のなかに位置づけようとしていると感じます。

たとえばある一年生の教科書では、正しい手の上げ方、挨拶の仕方、そして浅いお辞儀、普通のお辞儀、深いお辞儀の仕方を書いている。「目上の人とはなすときは、ていねいなことばづかいをします。おじいちゃんやおばあちゃんはもちろん、おとうさんやおかあさんにもていねいなことばづかいではなします」とあります。学校の先生も目上に入ります。ですが、虐待されている子どもはどうなってしまうのでしょうか。

傑作だと思ったのは、三年生の教科書で、「友だちが話しているときには、話している人を見ながらききましょう。そのとき、うなずきながら、話しが終わるまで口をはさまずに、しっかりきくようにしましょう」という記述です。相手の考えがおかしい、違うと思っても、うなずきながらききましょうというのは、本当に問題です。同意していなかったら、うなずいちゃ駄目ですよね。こんなことをしていたら、デートレイプが起こってしまう。

中野　教育勅語的な国家、天皇を中心とした道徳秩序体系や価値秩序体系のなかには、長幼の序や男女の区別があります。道徳は秩序を維持するためのものですから、人権教育とはベクトルが逆で全く相容れません。教育勅語の徳目のなかには聞こえがいいものもありますが、結局のところ、より徳に近い者が目上として尊重されるだけです。

福島　「目上」という概念を教科書に書き込んでいることがすごいと思うんですよ。従順な子どもを育てる。話の途中で「おかしい」と言ってはいけない。正しい座り方をする……。ですが、子どもは型破りな行動をするものですよね。

中野　それを型にはめるのがポイントです。たとえば、ミシェル・フーコーは近代というものが身体を通じて人間に規律をたたき込むことを暴きました。道徳が戦前は修身と言われたのには、もちろんその意味があるわけです。国字の躾《しつけ》も同様です。子どもを型にはめ込んで、目上で国に近ければ近い存在ほど徳が高いという価値秩序体系をたたき込む。これは一つの分断統治であって、新自由主義と奇妙な親和性があるんですよ。新自由主義でも人びとを正規雇用、非正規雇用、臨時雇い、パートなどのようにさまざまな「箱」に分断して統治します。

福島　若い人は、正社員でいるだけありがたい、仕事があるだけありがたいと思わされているところがありますよね。新自由主義との親和性ということでは、私から見ると、雇用を壊し、家族を壊し、生きがたい社会を作っているのが新自由主義です。道徳で家族が大事と言うけれど、その家族を壊しているのは新自由主義。自民党は憲法改正草案の憲法二四条一項で、「家族は、社会の自然かつ基礎的な単位として、尊重される。家族は、互いに助け合わなければならない」としていますが、いまの状況ですと、家族が互いに助け合ったら家族共倒れになりかねません。離婚が増えているし、シングルマザー世帯の平均年間就労所得は一八六万円です。介護保険も改悪されています。新自由主義によって家族が壊れ、雇用が壊れているのに、それでも家族が大事とするグロテスクさ。お父さんが過労死寸前、お母さんも過労死寸前という建前と現実のすさまじい乖離のなかで、子どもたちは面従腹背を学んでいきます。表面的には「温かい家庭でうれしい」と言いながら、内心はちっともそう思っていない子どもが増えていくのではないでしょうか。

保守が抱えるパラドクス

中野　近代化、グローバル化を受け身で推進してきた、日本の保守のパラドクスがそこにあると思うんです。どういうことかと言うと、明治維新は王政復古による近代化でした。新自由主義はこのパラドクスと同じで、和魂洋才の洋才なのです。アメリカなどに言われて仕方がなくやるけれど、社会や経済がズタズタになって勝ち組と負け組が生まれる。だから和魂で取り繕わなくてはならず、道徳や日本の伝統を人びとにたたき込むことになる。新自由主義と道徳教育は共犯関係にあると思います。

福島　対立と緊張関係がありながらの共犯関係ですよね。政治学者の白井聡さんの「永続敗戦論」や思想家の内田樹《たつる》さんの「のれん分け」ですか。安倍総理は岸信介《のぶすけ》さんの、要するにおじいちゃんの政治手法から学んでいるのだと思います。一つは、たとえばアメリカの言いなりになっている限りは安全ということ。岸さんは戦犯として処刑をされずに巣鴨プリズンから出ることができました。それはアメリカにとって「お役立ち感」のある人だったからではないでしょうか。実際、その後一九六〇年に岸さんは日米安保条約改定をやってのけます。だから安倍総理は、新自由主義を実践して、アメリカから武器を買い、集団的自衛権の行使を容認します。そのうえ、トランプ大統領に全面的に同意できるとまで言っていますよね。これで一国の総理大臣なのでしょうか。

こうして身の安全を確保したうえで、押し付け憲法で「去勢」された日本を、そうでない日本にしなくてはならない。それが「日本を、取り戻す。」ことの本当の意味です。その根底には、アメリカとの避けがたい緊張関係があります。

中野　一口にアメリカと言っても、アメリカは一枚岩ではありません。日本の保守は伝統的にアメリカの共和党、とくに右派との親和性が高いのですが、相手が民主党になると、貿易摩擦の時代からうるさいことを言われている。共和党は経済優先で、タカ派的な部分があるから、日本の再軍備路線を支持してくれます。でも、トランプは共和党の主流派ではないので、事情が複雑になっています。

安倍さんは、共和党の主流派とトランプの両方に媚びを売りつつうまくやっていこうとしているのではないでしょうか。出発点は国家保守主義的で教育勅語的な秩序と「國體」思想です。

戦前の日本が誤っていたということは認めたくないので、歴史を書き換えたい。「去勢された」現実から日本を取り戻したい。しかし、「本家＝アメリカ」にお仕えしないと内田樹さんの言う「のれん分け」はしてもらえない。だから二枚舌になっているのです。安倍首相がアメリカの連邦議会の両院で演説をさせてもらった時も、自由、法の支配、民主主義のためにアメリカの良い子分となって、集団的自衛権を行使しますという言い方になったわけです。

福島　安倍総理は「日本よ、世界の真ん中で咲き誇れ」と言いますが、ここには矛盾があります。つまり、ジャパン・ファーストではないんですよ。世界の真ん中で咲き誇るのはアメリカです。

中野　それはこの間出てきた流れにレトリックが引きずられていると思うんです。先ほど新自由主義のなれの果てが反自由主義だと言いましたが、新自由主義は外交安全保障分野では国際協調主義に基づく積極的平和主義として展開されてきました。これは外務省がいまだに使っているコンセプトです。国際協調主義、国連中心主義の名の下で、日本の再軍備、自衛隊の海外派兵が進められてきました。PKOはそのようにして始まりましたが、いまとなっては国際協調主義も国連中心主義もどこかに行ってしまい、アメリカだけが残っています。世界の中心にはアメリカがあって、その下に日本があるから、ざっくり言えば日本は世界の中心にあるのだ、くらいの認識ではないでしょうか。小沢一郎さんが考えていた、国連の下での集団安全保障によって自衛隊が国連予備軍になるという発想は、いまはどこかに消えてしまい、集団的自衛権の行使＝アメリカに付いていくことという転換が起きているのだと思います。

新たな嘘の発覚——公文書改竄

福島　二〇一八年三月二日の朝日新聞の報道によって、森友学園関係の文書の改竄が明らかになりました。政権側が嘘をついていたことが明るみに出たのです。嘘の第一段階は八億円割引の理由、第二段階は国会答弁と公文書の改竄、第三段階は三月二日の朝日新聞の報道以降です。

朝日新聞の記事が出たその日の夕方、富山一成財務省理財局次長は、原本は近畿財務局にあると言いました。原本とは何を指すのか確認したところ、決済日に作成された文書とのことでした。三月五日の一二時、参議院予算委員会の理事会でも、理財局側は、原本は近畿財務局にあると言ったのです。

この日、原本を見れば一発で分かると考え、私を含めて野党国会議員五人で近畿財務局に行ったところ、一六時五〇分くらいに本省理財局の中村課長から電話があって、「近畿財務局に原本はない。任意提出して押収されている」、「いつどこに押収されたかは言えない」と言うんです。つまり、参議院予算委員会の理事会で財務省は公然と嘘をついたんですよ。原本が任意提出されているのを知らなかったと言うけれど、もし知らなかったのなら、危機管理が杜撰《ずさん》すぎます。

もっと決定的なのは、三月八日に、「これがすべてです」として国会に提出した文書が、以前国会に提出された改竄後の文書と同じものだったことです。第一段階、第二段階、第三段階と、ここまで嘘をつくものでしょうか。

三月二七日には佐川宣寿《のぶひさ》前理財局長・前国税庁長官の証人喚問もありましたが、佐川さんは政治家などの関与をきっぱり否定していました。佐川さんは、きっぱり否定するときは嘘をついているように思えます。

中野　日本では安倍政権が誕生するもっと前から、明治以降の近代化の過程で、言葉の定義や、何をもって事実と認定するかを国家が決めています。たとえば、桜が開花した、梅雨に入った、と政府が宣言するのはかなり特異なことだと思いませんか？　これはある種の徳による支配であり、国家権力が善なるもので、それが民を統率するという発想が根強いからなんです。そのことは法律の「改正」という言葉にも現れています。法律は「改定」されるのではなく「改正」されると言いますよね。為政者がすることは「正しい」と言葉のレベルで人びとに刷り込んでいるんです。憲法「改正」についても、「改正」ではなく、「改定」や「改悪」と言うべきではないかという意見があります。私自身は、「憲法改正」と言いたくないとき、「改憲」を用いることがあります。

安倍一強のなかで、選挙制度の歪みに基づいて政権与党が数の力をほしいままにしていて、それを背景に官邸に権力が集中しています。九条の解釈を変更して集団的自衛権を行使できるようにしたのも嘘ですし、白紙領収書、議事録の捏造など行政権力のチェック・アンド・バランスが効かなくなってきているなかで、その最たるものとして森友文書の改竄疑惑が浮上しました。いまだに全貌が見えていないほどの嘘の山です。

さらに気持ち悪いのは、そういう政府に対して、マスコミの態度が煮え切らないことです。安倍首相が理財局の一部の職員に改竄の責任を押し付けようとしていることが明らかになり、それでようやく日経新聞、読売新聞、NHKが公文書の「書き換え」ではなく「改竄」を使うようになりました。当初から「改竄」を使っていた新聞やテレビ局もありましたが……。事実を伝えることを責務としているはずの言論機関までが国家機関の顔色をうかがって、「改竄」と「書き換え」を使い分けています。

「強行採決」という言葉も同様で、官邸はメディアに対して「強行採決」を用いるなと強く圧力をかけています。そして実際にメディアは「強行採決」という言葉を使わない。でも、「採決強行」は使っているんですよ。「建設的野党」は採決に賛成しているから、野党すべてが採決に反対しているわけではなく、強行採決にあたらない。何でも反対する無責任な野党だけが反対している、というのが政府の論法です。事実の認知や言葉のレベルまで国家がほしいままにして歪めています。右も左も関係なく、ガバナンスが完全に崩壊しています。このことが果たして認識されているのかどうか気がかりです。

福島　森友文書の改竄は、虚偽公文書作成罪にあたる可能性があります。不起訴なんて納得いきません。これはすさまじい国家犯罪で、歴史修正主義につながる面があります。なぜかと言うと、第一点は、あったことをなかったことにするということ、第二点は、安倍総理にとって不都合なこと、不愉快なことは発言するな、ということです。小渕内閣時代には通信傍受法を「盗聴法」と呼ぶな、と圧力がかかりましたが、安倍内閣が「戦争法」という言い方に目くじらをたてるのもその例です。

中野　そうなのですが、第二次安倍政権は発足したときから、メディア戦略と言葉のコントロールを意識的にやっています。第一次政権では、野党とメディアによって失脚につながりました。いまではメディアが政府の官製用語に則って報道していて、堕落しているとしか言いようがありません。政府が何と言おうが、メディアからどう見えるかを伝えるのがメディアの責任なのですが、政府は自分たちが決められると思っています。いまだにアベノミクスと言われていますが、その中身（異次元の金融緩和、機動的な財政出動、成長戦略）はすでに忘れられているのではないでしょうか。「一億総活躍」、「人づくり革命」などの言葉も同様です。そういう言葉を投げつければ、メディアが解説し、流布してくれる。政府が政治アジェンダを設定することができると分かっていて、そうやっているわけです。

しかし、市民が自分の考えで自分の言葉を述べる、議論に参加できる、材料になる事実が与えられるかたちになっている、つまり知る権利が保障されることが民主主義の前提です。森友文書の改竄問題で、政府による事実認定や言葉を受け入れていてはいけないということが、あらためてはっきりしたと思います。

嘘で塗り固めた政治

中野　それにしても、よくここまでやるな、と思います。道徳的・倫理的な部分で、安倍政権は振り切れてしまっている。官僚制や自民党のなかでも、「ここまでやってはいけない」と思っている人はいると思うのですが、遅きに失した感があります。

福島　三月二日に朝日が報道するまでは、みんな変だと思いながら、ここまで大がかりな改竄が行われているとは思っていなかったのでしょう。八億円のゴミ撤去費用は怪しいし、安倍昭恵さんと総理は森友疑惑に関与していただろうと思っていても、公文書が大幅に改竄されているとまでは思っていなかった。この問題は、ほぼ一年間「完全犯罪」が成立していました。財務省だけではなく、国土交通省も文書を持っています。近畿財務局と本省の理財局を合わせると、知っている人間は二桁台、あるいはもっと多数に及ぶ可能性がある。それに会計検査院は、国土交通省の決裁書と財務省の決裁書が違っていることを知っていた。いろいろなところで「あれ？」と思った人がいても、いままで黙っていた。だから、もしリークがなかったら、私たちはさらに嘘で塗り固められた上に生きていくことになったはずです。二〇一七年一〇月の解散総選挙は、「モリカケかくし選挙」、「改竄総選挙」と言われているけれど、嘘で塗り固めた上に解散総選挙をやって誕生した安倍内閣には正統性はないと思います。

中野　政治の考え方の変化が立憲主義や法の支配を壊してきたと言えます。ポスト真実と嘘の政治のやり方は一致しています。新自由主義的な政治観が浸透していって、勝った者勝ち、目的が達成できれば手段を選ばなくなっている。凄腕のビジネスマンのようなもので、資本主義の歪んだ理解だと思うのですが、トランプだってそうです。いくら下品で、ミソジニー(女性嫌悪)丸出しでも、大統領選に勝ったのだからいいということになる。ある種の人たちはそれを評価する。価値規範の崩壊です。「森友文書の問題はばれたからいけない。ばれなければよかった」といまだに思っている政府側の人間はいるでしょう。

福島　だから嘘をつき続けているんですよ。

中野　いまは逃げられるところまで逃げようと思っているでしょう。

福島　発覚したけれど、その傷を小さくしようとしていますよね。

中野　忙しい人たちがわざわざ永田町まで来て、官邸前抗議運動に参加して何を言うかというと、「嘘をつくな」です。従来の「憲法を守れ！」もすごいと思っていました。なぜか警察に囲まれて「憲法を守れ！」と叫ばなくてはいけない。市民が法令遵守、コンプライアンスを訴えにきていて、全体の奉仕者である警察が我々を犯罪者であるかのように取り囲んでいます。それがいまでは市民が「嘘をつくな」と叫んでいる。政治規範の崩壊は深刻です。

「政治改革」のつけ

中野　私自身、何も影響力がないので歯がゆいのですが、学界の反応も鈍いんです。ガバナンスが崩壊していることは、どんな立場の人であっても認めざるを得ない。それなのに、政治学者で「これはいけない」と言っている人は、知っている範囲ではほとんどいないんです。これはどう考えてもおかしい。政治の新自由主義改革を推進していた政治学者もいたんです。かつては「官僚内閣制」と言われていたほど官僚がやりたい放題で問題があるから、民主的に選ばれた政治家がリーダーシップを発揮するべきだという議論でした。これは一理あるものでした。

福島　小選挙区制で二大政党制をつくり、政権交代が可能な政治にするという議論です。その延長線上に内閣人事局が作られました。

中野　政務三役の設置や、内閣法制局には答弁させず、政治家が政府の法解釈を答弁するというのもそうです。どんどんやるべきだ、日本のガバナンスを変えるのだ、と訴えた政治学者はたくさんいました。しかし政治主導の行き着いた果てがこれです。それを官僚のせいにして、涼しい顔で逃げようとしているわけです。

福島　加計学園の問題も国家戦略特区で起こりましたし、働き方改革も官邸発です。

中野　そうです。政治主導の旗振り役をしてきた側は、「これはおかしい」と言わなくてはいけないと思います。選挙をマーケットにおける消費者の購買行動になぞらえて、マニフェストで政策、政権を有権者に選んでもらい、「お客様」にサービスを提供して満足してもらう。だからこそ、総理や大臣が官僚を手足のように使う。目的がよければ多少乱暴なことをしてもいいという理屈です。

ところが今回、官邸側は、「理財局の一部の職員が勝手にやったことであって、非常にけしからん。真相はわたしも知りたい」と言っています。安倍総理に至っては、「膿を出し切る」と、他人事のように言っている。この白々しさもすごいと思うのですが、実際はそんなことで済むわけはなく、担当大臣である麻生財務大臣、内閣を代表する総理大臣が、国会に嘘をつき続けていることに対して、内閣が連帯して責任を負わなければならないはずです。「アカウンタビリティ」などの新自由主義的な言語を駆使して進められてきたガバナンスが崩壊しているのに、釘をさす人が出てこない。政治規範が空洞化して、社会としても危ないレベルまで来ていると思います。

福島　安倍総理、麻生財務大臣が関与していたら問題ですし、関与していなかったとしても、結果責任、政治上・道義上の責任が問われます。文書などから、森友問題は、安倍昭恵案件、加計学園問題は、首相案件であることが明らかになりました。

中野　総辞職しないと法治国家としての存立が問われます。政府は新自由主義的改革を進めてきましたが、自由経済が成り立たないほど根腐れしている。契約書を勝手に改竄するのと同じようなことが明らかになったんですよ。グローバル経済のなかで、企業の場合には同じようなことが起こったら、トップが辞任して第三者委員会が検証します。ですが安倍さんたちは辞めない。権力が集中しているから、いまを何とかやりすごせば、あとは歴史を書き換えて、理財局の一部の職員が文書を改竄して、野党やメディアが不当に騒いだことにすればいいと考えているのでしょう。麻生財務大臣が、「TPPについては書かないで森友のことばかり書いている」とメディアを批判しましたが、そんな事実はないと各紙が報道して、ついに、「自分は新聞はろくに読んでいないから」と開き直りました。ろくに読んでいないのに虚偽のことを言って、誤解を招いたからお詫びをすると言っても、誤解していたのは麻生さんのほうで、市民が誤解していたわけではありません。これは尻尾をつかまれたことを反省しているのであって、嘘をついたことをではない。

安倍レジームによる支配

福島　財務省での調査は、理財局の一部や近畿財務局に責任を押し付けるためのもので、官邸や政治家や安倍昭恵さんは調査されていません。そもそも射程距離が限られていて、真相を明らかにするのではなく、責任を限定し、ほんとうの問題点を暴き出さないための調査です。この根腐れぶりはひどいものです。

中野さんがおっしゃるように、新自由主義が行き着く先まで行き着いたにもかかわらず、その責任すらとらないというのもその通りなのですが、安倍内閣の嘘のつき方は極端です。メディアと教育をコントロールし、野党の国会議員の国会での発言を議事録から削除させようとしたり、自分にとって不愉快なものを極力おさえようとしています。

道徳の教科書が象徴的です。小学校の道徳の教科書には「嘘をついてはいけません」と書いてあって、定番の「狼少年」が題材です。戦前の修身の教科書も取り寄せて読んでみたところ、やはり「嘘をついてはいけません」とあって、「狼少年」が出てくるんです。子どもたちに「嘘をついてはいけません」と教え込んでいるのに、戦前、大人たちはすさまじい嘘と捏造と大本営発表で政治をやっていた。いまも「嘘をついてはいけません」と言いながら、大人たちは嘘の支配する政治を平気でやっているんです。この本音と建前の醜さ……。国会と国民は嘘をつかれたのですから、真剣に真相を明らかにしなくてはいけません。安倍総理は「真相を明らかにしなくてはいけない」と言うのなら、安倍昭恵さん、今井尚哉《たかや》秘書官、迫田英典さん(元財務相理財局長)、谷査恵子《さえこ》さん(前昭恵夫人付職員)、加計孝太郎さんの証人喚問をやるべきなのにやろうとしない。真相究明を妨害しているんです。

メディアに対する妨害もひどいものです。三月二九日、共産党の山下芳生《よしき》さんが内部告発を受けて、NHKの幹部がニュース報道の現場に対して、森友学園問題を冒頭で取り上げるな、三分半の尺でやれ、安倍昭恵さんの映像は使うな、前川喜平前文科事務次官と関連づけるなと命じていたということを採り上げました。すさまじいですよね。おそらく戦前はこういう感じだったのでしょうが、いまはより隅々まで徹底している感じです。

「俺を不愉快にさせるな」

福島　野党に対しては、このところ国会での発言の削除要求が続いています。私自身も削除要求を受けています。その理由が、「憶測に基づいて一方的に断じている」というものなのですが、これはほんとうにおかしいと思います。私のほかにも、山下芳生さんの、「右翼団体日本会議」という発言が削除要求を受けています。安倍総理は野党の国会議員に対して、要するに「俺が不愉快になる言葉は使うな」と言いたいのだと思いますが、それでは国会議員の質問、追及は、マイルドであたりさわりのないものになってしまう。安倍内閣は、チリングエフェクト、つまり恫喝し、弾圧し、人びとを弱らせ、政権に配慮させるということを、さまざまな手段でねちねちとやっていると思います。

森友学園関係の公文書の改竄はきわめて象徴的で、歴史修正主義なんですよ。国会の議事録の削除要求もそうです。国会はテレビでもインターネットでも中継されていて、みんな知っているのに、議事録を改竄しようとする。一〇〇年後に議事録を読んだ人には分からない。見解が違っても、不愉快でも、受け入れて、それをもとに対話をしていくのではなく、事実はつねにダリが描いた時計のようにぐんにゃりとなって、憲法も現実も捻じ曲げていく。そして、捻じ曲げたうえでハンコをぽんと押して決裁してしまう。安倍内閣はそういうことを平気でやっています。

「不愉快なことは発言するな。俺を不愉快にさせるな」という政治はファシズムです。情報は民主主義の貨幣と言われますが、安倍内閣は国民を騙して、民主主義が機能しないようにしています。日本会議、かつての籠池夫妻、腹心の友の加計孝太郎さんなど、自分をよいしょしてくれる人は優遇し、援助を惜しまない。それに、総理と親しかったジャーナリストによる準強姦事件を揉み消そうとしたかどうかが問われています。

でも、沖縄の山城博治さんはいまは保釈されていますが、長期勾留、接見禁止となりました。籠池夫妻も長期勾留、接見禁止となり、ようやく保釈になりました。よいしょする人は税金を私物のように使って優遇し、そうでない人は弾圧し、そのあいだの国民は騙すというひどい政治です。

中野 もはや政治の範疇を超えて、支配しかない状態になっていると思います。つまり、多元主義が崩壊しているということです。一強は多元主義の逆で、権力があって支配があるだけです。多元主義が行き渡っていると、自由民主主義的なガバナンスのあり方になります。多党制で政権交代があり、中央集権ではなく地方分権になります。その観点からすると、いまの日本は多元主義でも自由民主主義でもありません。たとえば旧ソ連の時代でも、一定程度の多元主義が存在しました。あるいは、五五年体制下の自民党においても派閥の抗争があり、政権交代はなかったけれど、自民党一党優位のなかで多元的な競争がありました。

第二次安倍政権は、三年余りの民主党政権崩壊後に誕生したというのが大きいと思います。つまり、二度と再び政権交代など起こしたくないというのが大前提です。野党が結集して政権交代が起こり、自分たちが野党になるなどということはあってはならない。官僚制の側も、「あのめんどうくさい連中がまたやって来るのは許してはいけない」ということで、未来永劫安倍政権が続くべきだというモードになっているのではないでしょうか。自民党のなかでも、前回の総裁選に野田聖子さんが出ようとするのを許さなかったように、絶対的な忠誠を誓わせています。

福島　党内も締め付けているんですよね。

中野　いっさいの多元的なものを許してはならないとしている。その意味では、ある種の独裁制の範疇に入っているのだと思います。単に異論がないから腐敗する、ということだけではなく、未来永劫政権が続くことを狙っているので、未来を先食いして壊してしまっています。過去を改竄し、歴史を修正し、未来までも壊している。後先考えずに、いまの権力者がわが世の春を謳歌できるようにしようとしているので、将来の可能性が潰され、壊されてしまう。きわめて独りよがりになっているので、公文書の改竄で官僚制に対する信頼がどれだけ壊されているかが理解できていない。いまは佐川さんに責任を押し付けようとしているわけですが、あれだけ国会で虚偽答弁を続けた人を「適材適所だ」といって国税庁長官にして、結局持たなくなって確定申告期間中に首を切った。

本来、過去を受け継いで未来に渡すのが保守の売りであり、いいところなのですが、安倍政権にはまったくそういうものがありません。きわめてその日暮らしで、いまさえよければいい。そのためには嘘でも何でも使う。これでは、長期的に日本の国家、市場経済に対する信頼が損なわれます。究極的には、官邸と安倍首相の顔色を窺って、絶対的な忠誠を尽くせばいいだけになります。

安倍政権はいま、ソ連や東欧の共産党独裁など、過去の独裁制に近い状態になっています。倒すにあたっても、それくらいの力学が必要になる。

自由民主主義のいいところは、民意によって時の政府を入れ替えることができるということであり、体制そのものに対する信頼は揺らがない。しかしいまは、時の政府が「安倍レジーム」になってしまっているわけです。レジーム全体に対する信頼が失われているので、倒した後も、後遺症が相当残ると思います。

福島　国会議員はいま、真剣に真相究明しないと、国会に対する信頼、民主主義に対する信頼が回復できないと思います。その意味で、私たちも問われています。中途半端なことではできない。おっしゃるように、安倍政権を倒すことは、ピノチェト政権などを倒すのと通じるところがあるのかもしれません。

第3章

憲法はどうなる

「インタレストの政治」から「アイデンティティの政治」へ

福島　中野さんは『右傾化する日本政治』で、新自由主義の変質や新自由主義と国家主義の関係について分析しています。一％対九九％という構図は、一％のために政治を行う新自由主義のなれの果ての結果ですよね。それから、安倍総理の靖国参拝に拍手を送ることと新自由主義を支持することは、実は矛盾していると書かれています。その新自由主義と国家主義が、矛盾をはらみつつ、車の両輪のようになっているのが安倍政治なのですね。

中野　新自由主義も国家主義もそれぞれ変質して、マッチポンプのようになっているところがあると思います。新自由主義は共同体の絆を断ち切ったり、あるいは既得権益に切り込んでいったところがある。その結果、今度は逆に、お金で国民の面倒を見る代わりに、イデオロギーで人びとを包摂しようということになってきました。これは日本だけでなく、世界でも起こっていることです。新自由主義が世界を席巻した結果、アメリカでトランプ大統領が誕生したり、ヨーロッパで移民排斥を掲げる排外主義的な政党が躍進を遂げていったりしています。つまり、グローバル資本主義の時代に入って、「インタレストの政治」から「アイデンティティの政治」へと移行したと言えるでしょう。

インタレストの政治を日本に当てはめて考えると、自民党の一党優位支配が続いたので、利益誘導の政治という形で行われてきました。それに対して、社会党が労働者の利益、教育の負担、社会保障の実現などを求め、戦後は経済が大きな争点となる時代が続きました。それを新自由主義は壊していくわけです。グローバル時代になったので、企業や富裕層が日本から逃げて行かないようにと言って法人税は取らない。そのうえで労働者や一般庶民、つまり九九%に課税すればいい。しかも小さな政府なので「ない袖は振れない」、自己責任なので面倒は見ない、という構えです。

ただ、単に面倒を見ないのであれば支持の調達ができないから、国民統合のために、歴史修正主義に走り、軍備を増強し、国の内外に敵をつくり、場合によってはヘイトまで動員をして求心力を高めようとする。そこにはイデオロギー、アイデンティティ、あるいは情念のようなものが動員されるので、カルト的な宗教団体が暗躍する。これも日本に限ったことではないのですが、このようなアイデンティティの政治への変化が生じているのだと思います。

かつてならば一定程度のナショナルミニマムが保障されていましたが、それを取り上げて、その代わり日の丸を持ち出して、「日本人としての誇りを持て」と言う。それが「日本を、取り戻す。」であったり、「アメリカ・ファースト」といったかたちで政治に現れてきている。そのために、新自由主義が一方では重商主義的で、企業統治的なものに変化していき、他方で国家主義が力を得て排外主義が席巻し、冷戦末期からの国際協調主義を空洞化させていく。これがアイデンティティの政治の現実です。

興味深いのは、日本における改憲の問題は、アイデンティティの問題だということです。つまり、合理的な目的があって改憲を目指しているのではなく、戦後日本のアイデンティティを壊したい人たちが、戦後レジームから脱却するために、その象徴としての憲法を変えたいと考えているわけです。そこに、新自由主義的な改革保守を自称する人たち――維新だったり小池百合子さんだったり――が入ってきて、制度機構改革の流れで憲法も変えたいと言いだす。いまはそういう状況だと思います。

復古的な保守にしても、改革保守を自称する人たちにしてみても、共通しているのは、合理的な理由があって憲法を変えたいのではなく、あくまでもアイデンティティとしての戦後保守のあり方というものにとどめを刺したいと考えているため、改憲問題がここに来て急に焦点化されているのだと思います。そして、憲法を変えられるならなんでもいい。参議院の自民党議員を懐柔するために参議院の合区解消を持ち出したり、教育の無償化で維新などを手なずけようとしたりしています。

福島　安倍総理とは国会でずいぶんやり合ってきたのですが、彼がやりたいことはたった一つだと思います。「人づくり革命」も「働き方改革」も、それから「一億総活躍」や「女性の活躍」も、綺麗なデパートの包装紙で人びとの目をだまくらかすためのもので、ただひたすら憲法を変えたい。戦後レジームからの脱却は日本国憲法からの脱却であり、憲法九条からの脱却です。九六条の憲法改正要件を三分の二から過半数にしようとしたこともありましたが、やりたいことは九条の改正です。安倍総理はいま、祖父の岸信介さんがやろうとしてできなかったことに、王手をかけようとしています。

それにしても、安倍総理は父親の安倍晋太郎さんの影響が薄いですね。晋太郎さんは集団的自衛権を行使するためには、憲法九条を変えなくてはいけないと言った人なのですが。

中野　岸の娘である安倍洋子さんは、優しすぎた夫晋太郎ではなく、息子の晋三に、「祖父のようになれ」と言い続けてきたという話も聞きます。

福島　先ほど触れたさまざまなキャッチフレーズやアベノミクスも、株価を上げることも、支持率を上げるための手段でしかない。本当の目的は憲法九条を変えることです。それに改憲の手続きを定めた国民投票法は欠陥だらけの法律で、投票二週間前までは自由にCMを流すことができ、しかも最低投票率が定められていません。仮に投票率が四割で、改憲賛成が二一%ならば改憲が成立してしまいます。また、改憲項目が増えれば増えるほど、国民にとっては分かりにくくなります。事実、地方分権、環境保全、教育無償化等々の改憲項目案が挙がってきていますよね。これは憲法九条改正と緊急事態条項の劇薬をカモフラージュするためのものです。

中野　これは一九二五年に男子普通選挙と治安維持法を抱き合わせにしたのとよく似ています。そうやって政権を未来永劫維持できる体制を整え、野党や市民を分断しようとしています。その意味で民主党政権は焦っていたと思います。滅多に政権が取れるわけではなく、段取りに時間をかけることができなくて、足がもつれてしまったのではないでしょうか。それに対して自民党は慣れています。一度にすべての目的を達成できなくても、少しずつやっていけばいい。小さく産んで大きく育てる発想です。

福島　確かにそうだと思います。たとえば派遣法の改悪も、初めは二六の業種に派遣労働を限定していたのが、最終的に全業種で可能になってしまいました。自民党は「蟻の一穴」から崩していく方法を熟知していますよね。

中野　安倍さんにとっては、九条が象徴的な意味合いを持っています。それは九条が、彼らの考える国家の権威を「去勢している」と考えているからです。

福島　九条のせいで「普通の国」になれないので、これを変えて、いつかは安保理常任理事国になって核武装をしたい、という情念でしょうか。

中野　安倍さんは著書で、集団的自衛権を行使できないというのは、「財産に権利はあるが自分の自由にならないという「禁治産者」の規定に似ている」と書いていました。
ただ、日本国憲法は九条を要として成り立っている部分が大きい。九条は単なる一条項ではありません。基本的人権の尊重や主権在民と並んで、九条の平和主義というものが日本国憲法の大きな柱の一つです。それを壊したいというのは、究極的には、教育勅語しかなくていい世界をつくりたいのだと思うんですよ。明治憲法でさえないと思うんです。そして憲法を改正して「道義国家」を目指す。

合理性は問われない

福島　安倍総理が改憲に王手をかけて、憲法はいま最大の危機に陥っていると思います。
中野　憲法改正の議論の背景には、世界的な政治の変質があると思います。冷戦期には、世界各国で中道右派と中道左派がせめぎ合っていました。日本の場合、残念ながら政権交代はずっと起こらず、一九九三年、冷戦が終わる頃になってようやく政党政治が流動化し始めました。
冷戦期の五五年体制では、利益の分配をめぐる政治が行われていました。政治の根幹には利益の分配があり、誰が何を受け取るのか、受け取れないのかを政治が決めていく。自民党も結党時には自主憲法制定を掲げていましたが、いつの間にか、お金をどう回すのかが良くも悪くも政治の命題になっていきました。現れ方は違いますが、欧米でも同様のことが起こっていたと言えると思います。
ところが、冷戦が終わってグローバル化が始まり、新自由主義的なグローバル経済に世界全体が巻き込まれていきます。新自由主義が隆盛を極めるなかで、経済争点が端に追いやられ、緊縮財政の下で法人税引き下げが行われ、再分配に回る分が減っていく。企業と労働者に注目すると、企業が優遇され、労働者ではなく企業に対して福祉が行われる体制になっていく。そして中道左派はそれを止めることができず、地盤沈下を起こしている状態が続いていると思います。

政党の支持も、従来の利益の分配によるのではなく、イデオロギーやアイデンティティによるものに変化しています。その結果、世界的に急進的な宗教が広がり、たとえばアメリカでは、キリスト教原理主義が勢力を伸ばして、メキシコ国境に壁をつくるなど、移民排斥の動きが起こっています。アイデンティティが争点になっているためにナショナリズムや排外主義が出現し、政党はそれらを動員して支持を調達しようとしています。

日本の場合、自民党の「日本会議化」にそれが端的に現れています。田中角栄の自民党から安倍晋三の自民党への転換は、グローバルな政治の構図の変化、対決軸の転換を示すものです。アメリカにおける女性のリプロダクティブ・ヘルス・アンド・ライツ、移民排斥、白人至上主義といった争点や、イギリスにおけるEU残留か離脱かという争点と重なるかたちで、日本の改憲が、アイデンティティの争点として浮上しているのではないでしょうか。

インタレストの政治からアイデンティティの政治へと移行するなかで、経済的な合理性は問われないようになりました。たとえば、メキシコとの国境に壁をつくるには莫大な費用がかかりますし、移民を排斥したらアメリカ経済は成り立たないという現実があります。あるいは、イギリスのEU離脱も、誰も得をしない。それでも突き進もうとしてしまうわけです。

憲法改正も同じで、合理性は問われないのだと思います。戦後日本のシンボルとしての憲法は許しがたいので、これを血祭りに上げたいだけです。自民党の憲法改正草案もそうです。谷垣禎一《さだかず》さんが総裁の時代につくったといっても日本会議的な色合いが強くて、西洋流の天賦人権論には与しないという解説を付しています。これは狂信的な宗教動員と同じレベルの、合理性を飛び越えた世界のものであって、結局、憲法が改正できれば何でもいいというくらいに議論が混沌としています。

戦後を通じて九条が争点でした。いまも九条を亡きものにしたい勢力は一定程度存在しますが、それが難しければ、九条を削るのではなく、九条二項を残したまま三項を加えるのでも構わない。「何でもあり」に近い状態になっています。憲法改正は世界的な政治の転換のなかでアイデンティティ争点として存在しているのだと思います。だから安倍さんは「日本を、取り戻す。」という言い方をしたのでしょう。もうちょっと毛色の違う改憲論者に維新や小池百合子さんがいますが、こちらは「リセット」という言葉を使います。つまり、戦後日本をリセットしたいということです。

それに対して、いわゆる護憲派、あるいは立憲主義を守りたい側にとって、戦後日本はそこまで捨てたものではない。むしろ憲法の理想や理念は実現させなくてはいけない前向きなものなので、これを反故にして戦前の日本に戻せばいい、リセットすればいいということにはなりません。いまこれらがせめぎ合っているところだと思います。

福島　安倍総理の被害者意識が不思議でなりません。権力の中枢で育ち、三世議員になって、いつどこで日本国憲法によってひどい目に遭ったのでしょうか。石原慎太郎さんは「醜い憲法」と言い、安倍総理が「みっともない憲法」と呼んでいますが……。安倍さんにとっては憲法九条の改正が絶対的な使命で、あとの仕事は付け足しでしかないように感じられることがあります。

二〇一七年一一月三〇日の予算委員会で、安倍総理に、総理は憲法九条三項に自衛隊を明記すると言っているが、この自衛隊の行使する自衛権には集団的自衛権の行使も含まれるかどうかを質問しました。これに対して、「集団的自衛権の行使について一部容認し、要件を満たせば一部容認をするということについて解釈を変更したわけであるが、それはそのままということである」という答弁が返ってきました。

つまり、憲法九条一項・二項の解釈を変えて、集団的自衛権を行使できるようにした。だから三項に自衛隊を明記するということは、当然自衛隊は集団的自衛権を行使する、とサラッと言う。国土防衛、専守防衛、災害救助のための自衛隊ではないわけです。そもそも九条一項・二項の解釈を変えること自体が問題で、従来の自民党の見解では集団的自衛権の行使は憲法違反でした。九条三項に集団的自衛権を行使する自衛隊を明記するのだとサラッと総理が言うけれど、それは九条一項・二項の完璧な破壊であり、日本国憲法殺人事件の宣告です。つまり、「九条を殺すぞ」と言って、夜中に包丁を研いでいるのがいまの状況です。

「戦前回帰」だけではない

中野　先ほど憲法改正には合理性がないと言ったのは、九条を含めて、あるいは九条を中心に憲法を変えること自体が目的化しているので、憲法を変えて九条を亡きものにして何をしたいのかが分かりにくくなっているからです。

福島　世界で戦争をすることなのではないですか。

中野　そうだと思います。しかし、そこが戦前回帰とそうではない部分が合体しているところです。というのは、先ほど福島さんが、安倍さんには被害者意識があると言われたのはまさにその通りで、憲法を押し付けられて、戦前のアイデンティティから戦後のアイデンティティに無理矢理変えられたという被害者意識、東京裁判による被害者意識、それらの根幹には憲法があるので、これを変えなければいけないという発想だと思います。先ほど触れたように、安倍さんが著書で「禁治産者」と書いていることも、被害者意識の現れで、国家として一〇〇%の権利を行使できない状態にあることが屈辱的なのでしょう。

そこで戦前回帰をしたくなるわけですが、そのとき現在の天皇が「不都合な真実」として立ちはだかることになります。侵略戦争も植民地支配も、そして大東亜戦争も、すべて「皇国日本の防衛のため」に行われたという名目になっていました。自存自衛のための戦争です。そして、靖国神社は皇国日本を守るために亡くなった「英霊」を祀るためのものです。

朝鮮半島の侵略も、朝鮮半島は日本列島の喉元に突き付けられた匕首《あいくち》のようなものだから、日本を守るために必要だったのだというロジックです。教育勅語的な世界観のなかで、最上位に天皇がいて、それが徳の源泉で、皇国日本の平和を守るために命を捧げるという構図です。

ところが、いまはもはやそのまま再現するのは不可能ですし、再現したいかというと、そこまで皇国史観を貫いている人はよほどマージナルな存在です。それでは何が起きたのかというと、保守のマインドセットのなかで最上位にあった天皇は、戦後の秩序体系においては米軍・米国に置き換えられたのだと思います。ですから、皇国日本の防衛が対米追随の安全保障政策に転換し、そのために集団的自衛権を行使することが至上命題になっています。

具体的には、集団的自衛権の行使が容認されたので、それで何をしたいのかというと、朝鮮半島を侵略したい、台湾を取り戻したいという発想はないわけです。その点を指摘されると、「私はそんなに悪い人ではありません」とむきになって反論するのはそのせいです。

結局のところ、集団的自衛権を行使して何をするのかはアメリカが決めるのでしょう。アメリカが何の戦争をするかを決めて、日本はそれに付いていくだけだろうと思います。アメリカもこの間、日本に対して、集団的自衛権の行使を容認しろ、九条を何とかしろと要請していました。九条は占領期のアメリカの決断によるものですが、「日本はもうそろそろ九条を外してもいいのではないか」と押し付けがましくアメリカが言ってくるのは、結局アメリカにしてみれば、アメリカの決める戦争に日本を付き合わせたいからです。アメリカが歯止めになるから、日本の軍国主義が再燃して、自分たちに刃向かってくることはもうないと考えているわけです。

つまり現在の改憲論には、戦前回帰の部分と、アメリカのお先棒を担いで一緒に戦争に行くという部分の両方があるので、解きほぐして理解しないといけないのではないでしょうか。

福島　たとえばイラク戦争について、アメリカでもイギリスでもそれぞれ検証を行っているのに、日本は行わない。歴史にも政治にもきちんと向き合っていません。主体的に判断し、自分が引き金を引いたという意識なしに戦争に付き合っているのは問題です。

これは想像ですが、安倍総理は、第一にアメリカの言うことを聞いておく限り安泰であること、第二に、祖父の岸さんがそんなに悪いことをするはずはない、ということを学習していると思います。

岸さんはA級戦犯として処刑される可能性がありましたが、アメリカに都合のいい人間になることで釈放されたと言われています。また、満洲国についても、祖父がやろうとしたことなのだから、侵略戦争だとは安倍総理はけっして言わない。中野さんが言われた、戦前回帰と戦後の修正が、安倍総理にも当てはまりますし、やはり岸さんがキーパーソンだと思います。

中野　戦後、岸さんがアメリカに許されて、日本の保守が再出発することができたということが根幹にあると思います。天皇の名の下に、不敬罪だ、「國體」を護持するのだ、と弾圧をする構図から、アメリカを最上位に置いて国内ににらみを利かす、服従させる構図に政治が変わったのだと思います。ただ、実際にアメリカのために戦争をすることがどのような意味を持つのか。岸さんと安倍さんの違いを考えなくてはならないと思います。岸さんは戦前のキャリアがあった上で戦後再出発していきます。何しろ政治に復帰する時、最初に社会党に入れてくれと打診したくらい、本来は国家社会主義者で計画経済を信奉しています。つまりナチスなんですよね。

福島　戦前の経産官僚ですものね。

中野　そうです。そして商工大臣までやりました。極右日本の根幹にはそれがあったのです。しかし安倍さんは特定の政策領域をベースにしているというより、新自由主義的なグローバル経済時代の岸さんの後継者です。アダム・スミス的な古典的自由主義ではなく、重商主義化した新自由主義だと思います。

福島　大企業のための新自由主義ですね。

中野　そうなんです。かつての岸信介的な発想で言えば、厚生省が軍部の要請によって作られたように、強い兵隊を作るためには健康な国民がいなければいけない。年金や最低賃金も保障して、国家に奉仕する人びとをつくるための厚生福祉が目指されていました。ところが安倍さんにはそういう部分がない。天皇、皇国だけでなく、国民国家自体も中身が失われ、象徴としての国家でしかなくなっていて国民は不在です。

慰安婦問題、南京虐殺などの歴史修正主義は目くらましで、小泉構造改革、アベノミクスによって外資企業、大企業が優遇され、国民経済としては破綻に向かって突き進んでいると思います。

アメリカ主導のグローバル経済のなかで、アメリカがどういう戦争をしているか。アメリカはグローバルな秩序を維持するためだと言うのですが、実際は、グローバル企業——アメリカ企業を多く含むわけですが——の権益を守るために戦争をしています。その発想で行くと、日本においても、たとえば湾岸戦争やイラク戦争が安保政策、あるいは憲法政治の転換の大きな契機になったように、やはり企業の権益を、アメリカに依存するのではなく、自前で守れなくていいのか、という発想が出てきて、専守防衛・国土防衛からは遠く離れていきます。アメリカの企業と同様に日本のグローバル企業も世界のあちこちで儲けているのだから、言葉は悪いのですが、その「ショバ代」を払うようにアメリカから要請されています。だから、「ただ乗り」批判を避けるために日本も一緒になって出兵するのが、いま想定される戦争ではないでしょうか。

もちろん地域的には、台湾有事、朝鮮半島有事、中国の海洋進出などが考えられますが、アメリカと日本だけではなく他の国でも経済の権益を守ることが優先され、国民国家がシンボル化されるけれども、中身は空洞化している。実態としてはグローバル経済における陣取り合戦が進行していて、かつての東西冷戦でソ連・アメリカがそれぞれ傀儡国家を下支えしていたときの陣取り合戦とはかなり違ってきています。これは新たな形の帝国主義なのかもしれません。

防衛予算が青天井に？

福島　自民党の国防部会で、防衛予算を現在の倍の一〇兆円にすべきではないかという意見が出たという報道が流れました。九条三項に自衛隊を明記し、集団的自衛権を行使できるようにすると、アメリカの手先となって動かなくてはいけないので、防衛予算が膨れ上がっていきます。とくに安倍内閣では防衛予算がうなぎ上りで、しかもアメリカから武器を五〇〇〇億円も購入しています。たしかに新自由主義だけでなく、重商主義的な要素があるのでしょうね。

別の側面を見てみると、安倍総理がよく海外に行くのは、一つには、日本にいると国会に出なくてはならないからだと言われています。もう一つは、日本を大国にしたいからで、国連改革のなかで、もっと日本のステータスを上げて、国連の制度が変わったら常任理事国入りをしたいと考えているのではないでしょうか。三つ目が、いま言われた世界規模の陣取り合戦です。中国がアフリカに進出しているから、日本も資源外交を含めて頑張らなくてはいけないと考えていると言われています。それには中国包囲網をつくる目的もあるようです。

中野　国民のために国家があるのではなく、そこから遠く離れて、国家は企業と一体になって企業の権益を守る存在になっています。そのために資源が動員されている。

九条の改憲、あるいは加憲論に関しては、憲法学者の石川健治さんが指摘しているように、自衛隊を憲法に明記することになれば、防衛支出の歯止めが利かなくなる可能性があります。九条によって、日本の防衛支出は一定程度抑えられていましたが、憲法に明記されればアクセルが踏まれ、ちゃんと運営し、メンテナンスもしなくてはいけないということになります。憲法改正について議論するときには、財政の観点からも見る必要があるのではないでしょうか。

福島　その意味で中期防衛力整備計画(中期防)の動きも見ておく必要がありますよね。二〇一九年三月でいまの中期防が終わるので、次の計画の策定が始まっているはずです。

それから、自衛隊を九条三項に明記するとして、いろいろな形が考えられます。「我が国は自衛隊を保有する」、「我が国は自衛権を行使する自衛隊を保有する」、「世界秩序の構築と、社会秩序の維持のために自衛隊を保有する」……。ですが結局は、集団的自衛権を行使する自衛隊が明記されるという点において、変わりはありません。

危険な軍事裁判所

福島　自衛隊を明記したら何が変わるか。一つは石川健治さんがおっしゃるように、予算上の歯止めがなくなる。いったん自衛隊を憲法に書き込んでしまえば、合憲なのだから、国防軍にするべきだという人が現れてくると思います。

そうすると、自民党の憲法改正草案にある審判所、いわゆる軍事裁判所の規程が問題になってきます。憲法改正草案Q＆Aを読むと、審判所では、裁判官・検察官・弁護人は全員軍人であると書いてあります。そもそも日本国憲法の特別裁判所の禁止に触れるのではないかという論点もありますが、それは措いて、軍事裁判所がつくられれば、自衛隊内のいじめやパワハラ事件、自死事件などもここで扱うことになると思います。そうなると実態が明らかにならないのではないでしょうか。また、量刑も恣意的になる可能性があります。

また、検察官も軍人で、捜査、逮捕、捜索をする強制処分権を持つことになり、「憲兵隊」がつくられることになります。戦前、憲兵隊や特高警察が猛威を振るった歴史が繰り返されてしまうかもしれません。この点はぜひ多くの人に知らせていきたい。

中野　戦後七〇年以上経過して、戦前、あるいは戦時中の記憶、知識が先細りしてきていることの危うさがあると思います。ここは想像力を駆使して分析を深め、向こうの主張は戦前・戦中と変わらないことを明らかにしていく必要があります。

福島　多くの人は、自衛隊は災害救助をすると思っているかもしれません。とりわけ東日本大震災以降、そういう自衛隊の姿が定着しました。ですが、二〇一五年に九条の解釈を変えて集団的自衛権を行使できるようになりました。憲法に明記されるかもしれない自衛隊は集団的自衛権の行使をする自衛隊だということを忘れてはいけません。

中野　だからこそ、いまのうちに憲法を改正したいのでしょう。集団的自衛権の行使が本格化して、駆け付け警護や米艦防護だけではなく実戦に日本も参加するようになれば、反対の世論が高まって憲法を改正しづらくなるはずです。もしそうなったら、既成事実を積み重ねていく方向に舵取りをするのだとは思いますが、いまの段階ではこれまでの自衛隊と変わらないと言い張るでしょう。集団的自衛権の行使の容認を強行した時も、これまでと変わらない、日本はますます安全になる、自衛隊員が殺されることはないと言っていましたから。

福島　ですが、これまでとは全く違うものをつくっていっているんですよね。

中野　意図的に嘘をついているのだと思います。

緊急事態条項を考える

福島　それから緊急事態条項も危険です。この条項は憲法九条改悪と同程度か、それ以上のすさまじい破壊力を持つと言われています。以前、緊急事態条項はナチスドイツの国家授権法と同じではないかと質問したところ、安倍総理は「レッテル貼りは看過できない」と言ったのですが、レッテル貼りではなくナチスドイツの国家授権法と同じような効力を持つと思います。自民党憲法改正草案の緊急事態条項は、「内閣は法律と同一の効力を有する政令を制定することができる」となっている。これは基本的人権を、安倍内閣の一存で制限できると宣言しているようなものです。

国会は憲法四一条に定められた、唯一の立法機関です。なぜ唯一の立法機関かと言えば、主権者である国民によって唯一選ばれているのが国会議員であり、国会議員が構成する国会だから、唯一の立法機関とされている。どんな法律も、基本的人権を制限する法律も、国会でしかつくれないことになっています。議員立法も、閣議決定による法律もありますが、それを成立させるかどうかは、主権者である国民によって選ばれた国会議員が構成する国会でしか議論できないのです。

しかし、内閣が法律と同じ効力を持つ政令をつくることができるようになり、予算の執行も国会の承認なしで行うことができるのであれば、国会の権能を内閣が奪い去ることになります。立法・行政・司法の三権分立ではなくなってしまいます。

それから、緊急事態宣言が発せられた後に行われた行為が、効力を失うかどうかは、自民党の憲法改正草案では分かりません。明治憲法には、承認が得られなければ、未来に向かって効力を失うと書いてあるのですが、それより危険なものになる可能性があります。

世界では、フランスはアルジェリア戦争で何度も緊急事態宣言を出しましたし、韓国でも独裁政権時代に多用されましたが、一回あたりの期間制限があります。これに対して、自民党憲法改正草案の緊急事態宣言はいくらでも延長可能です。ですから、ナチスドイツの国家授権法とよく似ています。一九三三年の国会議事堂放火事件をきっかけにして国家授権法がつくられ、そのあと「水晶の夜」と呼ばれるユダヤ人弾圧事件が起こる。実力部隊がユダヤ人の商店街やシナゴーグを物理的に破壊し、これが最終的にアウシュヴィッツまでつながっていきます。

兵庫弁護士会や福島弁護士会など、震災で大きな被害を受けた県の弁護士会も、緊急事態条項は、むしろ災害救助には役立たないと主張しています。内閣に権限が集中する緊急事態条項よりも、現場に任せるほうが素早く対応できるし、災害対策基本法や災害救助法などで十分だと聞きます。

それから、緊急事態条項を憲法に明記すべきだと主張している数少ない憲法学者の一人西修さんは、参議院の憲法審査会で、憲法に緊急事態条項がなかったために、東日本大震災で困ったことがあったのかどうか問われて、「対応ができなかったということに直接にはならないかもしれませんけれども」と答えています。

中野　小泉政権時代に緊急事態に備えた法整備をしなければいけないという議論があったのですが、

結局郵政民営化で流れました。安倍さんはそのとき自民党幹事長代理で、現行の組織や法制度で対応できるから必要ないと発言していました。ほんとうに御都合主義です。

ただ、緊急事態条項の危険性について言えば、これは国内の敵を弾圧するためのものです。いったん戦争が起これば、国外の敵と戦うだけでなく、国内にも必然的に敵ができます。つまり戦争に反対する勢力が生まれるのですが、一丸となって戦争を遂行するために、この敵は封じ込められることになります。

ですから、怖いのは戦争そのものだけではなく、戦争をする国へと国内の体制が変わっていくことです。すでに特定秘密保護法がつくられ、共謀罪もある。こうした治安法制によって戦争に反対する人たちがあぶり出されて、「非国民」として攻撃の対象になっていきます。

福島　確かに、二〇一三年に特定秘密保護法ができ、二〇一五年に戦争法、つまり安保関連法ができて、国の情報はブラックボックスに入ってしまい、内部告発のリスクは非常に大きくなりました。そして二〇一七年に共謀罪法が成立して、共謀しただけで基本的に犯罪が成立する。組織威力妨害罪など二七七の犯罪が共謀罪にはあるので、実質的に予防拘禁が横行する可能性があります。憲法改正は戦争をする国の総仕上げです。

映画「標的の村」や「標的の島　風《かじ》かたか」などの作品で知られる三上智恵監督が大矢英代監督と共同で新たな映画を作りました。「沖縄スパイ戦史」という映画です。沖縄で地上戦が始まる前に、スパイをあぶりだすことが行われたそうです。そして実際に殺されていく。ハワイ帰りとか南米帰りの人、学校の先生、戦争に少し否定的な人などが対象でした。また、地上戦に備えて弾薬などを地下深くに隠すので、場所が漏れないように作業に協力した人たちもターゲットになる。さらに密告体制もつくられて、危険人物は順番に殺されてしまいます。ほんとうに恐ろしいです。

中野　緊急事態にしても、安保法制の存立危機事態にしても、集団的自衛権がいつ行使できるのかということにしても、大きな問題は、行政権力のなかのごく限られた人たちだけが、それを判断できる構図がつくられていることです。本質的に非民主的なんです。特定秘密保護法によって、判断の根拠になる情報そのものが国会議員やジャーナリストからも、そしてもちろん国民からも隠されている状況で、これは存立危機事態に当たるから戦争をしなければいけない、集団的自衛権を行使する、あるいは、緊急事態を宣言する、ということになります。

ですから、緊急事態条項は立憲民主主義とは本質的に相容れないもので、劇薬も劇薬です。ないほうがいい。

権力を縛る憲法、国民を縛る憲法

福島　憲法九条を変えて、日本を世界で戦争ができる国にすることに大反対なのは、やはり社会が変わってしまうからです。多元的な価値があり、自由に意見が言えて、一人ひとりが主人公である社会ではなくなり、人間を将棋の駒のように扱い、戦争に動員する社会になってしまう。そうすると基本的人権は大きく制限されます。

ですがこれこそ自民党憲法改正草案の哲学なんです。基本的人権は「公益及び公の秩序」によって制限されます。人びとは、「公益及び公の秩序」に従わなければならない。第一に国民に憲法尊重擁護義務を課し、天皇が元首となり、基本的人権が制限でき、国防軍がある世界です。

中野　まさにその通りだと思います。彼らが本当にやりたいことは、単なる憲法改正ではなくて、繰り返しになりますが、教育勅語の最高法規化なのだと思います。国家に最高の価値があり、そういう国家が統治をするのだから国民は従えと説教をたれる。いざとなれば命を捧げる国民をつくるためです。稲田朋美さんたちがよく言う道義国家はこれです。明治憲法よりもひどい。

福島　いまの道徳の教科書を読んでみて思ったのですが、戦前、教育勅語で道徳教育をやっても、犯罪は減らず、結局戦争に突入するわけで、まったく道徳的ではありません。

中野　皇国日本に道義があるというだけですから、国家権力を抑制したり、その暴走を防ぐにはおよそ不向きな価値体系です。

福島　小学校三年生、四年生の学習指導要領には、「父母、祖父母を敬愛し、家族みんなで協力し合って楽しい家庭をつくる」とあります。教科書の章のタイトルが「おじいちゃん大すき」、「おとうさんありがとう」というものもある。なぜおばあちゃん、お母さんではないのでしょうか。現実の子どもにとっては、女性のほうが近しい存在ではないかと思うのですが。

中野　自民党がつくった『ほのぼの一家の憲法改正ってなあに?』という漫画には、おじいちゃんとひいおじいちゃんが出てきて、若いお母さんに説教をたれて、お母さんが改心して憲法改正に賛成するようになります。これは自民党のジェンダー観が正直にそのまま出ていますよね。もう一つ興味深いのは、東京裁判や押し付け憲法論が前面に出されていることです。戦後に押し付けられた、被害に遭ったということを大変強調しています。

福島　つまり彼らは、国の統治者であるにもかかわらず、憲法を押し付けられたと思っているんです。以前憲法学者の樋口陽一さんが、日本国憲法を押し付けられたと思った人と歓迎した人がいるとおっしゃっていました。戦前の統治者グループは憲法を押し付けられたと思ったけれど、戦争でひどい目に遭った人や、選挙権を持っていなかった女性たちはとても歓迎しました。ですから、「押し付け憲法」という言い方には、戦前と戦後の統治者の連続性が表れている。私はまったく押し付けられたとは思いませんが。

中野　私もそうです。憲法学者の小林節さんも、日本会議や憲法を変えたいと言っている人は戦前の体制だったら羽振りがいい連中ばかりだと言っていました。結局そういうことなんです。安倍さんをはじめとして政治家も同じでしょう。

立憲主義に則った憲法であれば、為政者の側が押し付けられたと感じなければ、憲法とは呼べないと思います。国家権力のチェック・アンド・バランスを図ること、そして人権規程で、どんな権力であってもこの人権を踏みにじることはできないということが定められていなければ、憲法の条件は満たしていません。

つまり、安倍さんたちが不都合に思わなければ、それは憲法として機能していないということです。ましてや国民の義務として、あれをやれ、これをやれと憲法に入れ込もうとする発想はそもそも間違っていると思います。立憲主義というものは西洋に起源があったとしても、各国の「国柄」に即してバリエーションがつくられる。しかし、その根幹は人類が国家権力に押し付けるものとして憲法をつくってきたということだと思います。憲法を安倍さんに押し付けたのは人類だと思います。

福島　押し付けられたと思っている彼らが日本国憲法を「押し付け憲法」と呼ぶのは、彼らが戦前からずっと為政者で、その感覚が変わっていないからなんですね。自民党の憲法改正草案の英訳を世界に発信したら、奇妙なものだと思われるでしょうね。

「公益」による支配

福島　いま、旧優生保護法下における強制不妊手術問題について超党派の議員連盟をつくって取り組んでいるのですが、戦後一九九六年まで存在した旧優生保護法のキーワードは「公益」です。「公益上必要がある場合は（強制不妊手術が）できる」としているんですよ。個人のリプロダクティブ・ヘルス・アンド・ライツや、個人の尊重や幸福追求権を踏みにじるキーワードが「公益」です。自民党憲法改正草案も、「公益」と「公の秩序」によって基本的人権を制限できるとしています。多元性、多様性、個人の尊重、幸福追求権を理解していない。旧優生保護法と自民党憲法改正草案はこの点で共通しています。

中野　それらを理解していないどころか、嫌悪しているのだと思います。歴史修正主義や「日本を、取り戻す。」という復古的な発想や、多元主義とは正反対の一元的道徳観が根底にあり、教育勅語がそれを体現しています。皇国日本に徳の源泉があり、天皇にどれだけ近いかによって一元的に徳が与えられる。下の者にとっては、上にいる者はすでに有徳の存在だから何をしても許される。そこに嘘の構図があるわけです。

いまなぜ道徳教育をしたいのかというと、人権教育をやりたくないからだと思います。人権教育は、個人はそれぞれ尊厳があるという、多元的な倫理体系に基づいています。ですから、表現の自由についても、ヘイトスピーチはどうなのか、ポルノグラフィだとどうなのかと、権利のなかでの対立が生じ、それについて社会としての判断が生まれます。多元的な価値観というものが人権思想、人権教育の根底にあります。安倍政権はそれを嫌悪しています。安倍さんの「美しい国」は、一元的な支配が貫徹している国で、それが素晴らしいと思っている。

福島　繰り返しになりますが、小学校の道徳の教科書には「目上」を敬うことが書かれています。上下関係という観点で見てみると、裁量労働制の拡充を働き方改革法案から削除することが決まったとき、経団連が「残念である」という旨のコメントを出しましたし、新聞紙面は「経済界が失望」と報じました。裁量労働制で経済界はコスト削減するつもりだったのに、それができなくなって残念ということです。それで安倍内閣に黄色信号が灯ったと言われています。ですが、労働者からは「がっかり」という声は出ませんでした。むしろ歓迎していましたよね。経団連が「上」というわけです。

働き方改革のもう一つの柱、高度プロフェッショナル制度は定額働かせ放題で、労働時間の規制をなくすものです。これも労働者のためではなく、経済界のためのものです。

安倍内閣の場合、「下」から、現場から湧き起こって来る声によって動かされることはない。「憲法を改正してくれ」という声は起こっていないし、働き方改革で裁量労働制や高度プロフェッショナル制度をやってくれとは誰も言っていません。とくに家族が過労死した遺族は、過労死促進法案だと言って大反対してきました。物事が「上」から降って来るといういまの政治をよく表していると思います。

佐川さんの証人喚問を見ていて、彼は結局何も変わっていないと思いました。二〇一七年に「書類はすべて廃棄しました」と、きっぱり嘘を言ったように、一年経った二〇一八年三月二七日の証人喚問でもその姿勢を貫きました。改竄をしたかどうかについては一切証言しない。そのうえ、とりわけきっぱりと言ったのが、安倍総理、麻生財務大臣、官邸からの働きかけはなかったということでした。自分たちは現場が分からないから、現場から上がってきた情報に基づいて答弁したと言っていましたよね。これは、上をかばって下に責任を押し付ける発言だと思いました。自分の責任は取らず、自分がいつ改竄文書を知ったかも一言も言わず、下に責任を押し付けたんですよ。結局、自分の立身出世のために、上をかばい下に責任を押し付ける姿勢は一年前と変わっていませんでした。先ほど中野さんが、上に徳があって下にそれを押し付けると言われましたが、そういう世界になってしまっていますよね。

中野　修身というのは「身を修める」ということです。身を修めて、徳を積んで何をするかと言えば、教育勅語にあるように、いざとなったら国のために命を捧げるわけです。私も象徴的だなと思ったのは、佐川さんが責任を押し付けられて更迭されて以降、麻生さんが「佐川、佐川」と呼び捨てにし、それと同じように、証人喚問で、佐川さんは自分の罪については何も言わないのに、さかんに財務省の田村嘉啓《よしひろ》審理室長を「田村、田村」と呼び捨てにしてから、思い出して取ってつけたように「室長」と言う。責任を下へ下へと押し付けていくグロテスクな有り様は、ガバナンスの崩壊を象徴していると思います。同時に、道徳を説く人びとの徳のなさ、価値規範のなさが、醜悪な形で現れていました。

「國體」の復活

中野　先ほどあえて「国柄」と言いましたが、このところ保守・右派の人たちが「国柄」を「國體」の意味で使うようになってきたんです。「國體」はさすがに差し障りがある言葉ですから、そのまま使うことは憚られるわけですが。「国柄」はつまり天皇制であり、教育勅語に表出されている国家観に根ざさなければいけないと言い出しています。西洋流の立憲主義や天賦人権論は日本の「国柄」に合わないという言い方は、こういう考え方から来ています。

福島　そうですね。憲法一三条の「個人」の尊重を「人」の尊重に変える。そして、憲法二四条では、「家族は、社会の自然かつ基礎的な単位として、尊重される。家族は、互いに助け合わなければならない」とする。個人を単位とする社会も嫌なんですね。

それから、私はやはり、天賦人権論に立たないという自民党の憲法改正草案Q&Aには驚かされました。アメリカ人はアメリカ合衆国憲法を尊重しています。スミソニアン博物館で日系アメリカ人の強制収容所という展示を見たことがあるのですが、私の親類が強制収容所に入っていたこともあって、とても親近感を持って見たんです。展示のタイトルは、「アメリカ合衆国憲法と日系アメリカ人の強制収容所問題」だったんです。

中野　国家の作られ方の原点に憲法があります。戦後日本の根幹にも憲法があって、そこに根ざして政治が行われてきた。ですから戦後日本の国家のあり方は憲法とは切り離せるものではありません。それなのに、明治一五〇年にしても、建国記念日(旧紀元節)にしても、神話の世界に日本の国の原点を見出して、「國體」という概念をつくり、それを国柄と呼んで、日本は独特の道を歩んできたことにして、アメリカだけでなく、西洋とは一線を画している。これを突き詰めると「日本は神の国だ」という発想になるのだと思いますが、これはかなり抜きがたいナラティブ(語り口)として、永田町界隈にあります。

中野 その点はずっと矛盾したままですね。

福島 ですがその一方で、アメリカの先兵として世界で戦争をしようとしています。こういう主体性のない状態では、戦争責任も戦争の実相も直視できないでしょう。

アメリカ追随政策のしわ寄せ

福島 沖縄が怒るのは、国土の〇・六%しかない沖縄に七五%の基地が集中し、さらに辺野古に新しい基地が建設されているからです。基地が集中し、もう一度地上戦を経験することになるのではないかと恐れ、なんとか避けたいと思っている。

それから、南西諸島に自衛隊基地がつくられようとしています。このようにして日本列島そのものが、かつて中曽根総理が言ったように「不沈空母」につくりかえられようとしています。

中野 思うに、安倍さんたちの発想も外務官僚の発想も、中国脅威論と、アメリカによる同盟置き去り論がない交ぜになっているところがあると思います。最も恐れているのは、日本の頭越しにアメリカと中国が話し合って、太平洋のどこかに線を引き、それより西側は見捨てられることです。そこで、とにかくアメリカに縋りつき、中国に偉い顔をされないように、アメリカ製の武器を言い値でどんどん買うことになるわけです。

福島　イージス・アショアが七〇〇億↓八〇〇億↓一〇〇〇億円となぜ高くなるのか。オスプレイもどんどん値上がりしています。

中野　金で買えるものはどんどん買う。そういう外交・安全保障戦略しか描けていないというのが実態だと思うんですよ。河野太郎外務大臣が「北朝鮮と断交せよ」と他国に言って回ったのは実にひどいと思います。初めから外交努力をしていない。北朝鮮を孤立させようなどと言って回る人が日本の外交の長という事態が、外交・安全保障戦略の貧困さを象徴していると思います。「一〇〇%アメリカと共にある」とアメリカに言い続け、置き去りにしないように求める。そして虎の威を借りて北朝鮮や中国に対して強硬な態度を取り続けたい。韓国に対しても同じような発想でアプローチしかねません。だからそこには、アジア諸国との和解や戦前・戦中に日本が行ったことに対する贖罪意識というものは、微塵もなく、加害者的なスティグマ、あるいはレッテルはもうたくさんだというある種の開き直りがある。いまの日本は、アメリカというジャイアンにすがりつくスネ夫のようなものです。

福島　そうですね。南西諸島への自衛隊の配備には、実は米軍と一緒に集団的自衛権を行使する面があります。自衛隊の基地を米軍も使う。

それから、自衛隊が作った離島奪還計画のビデオを見て驚いたのが、離島が他国の人間によって占領され、それをどうやって奪還するかという内容で、しかも島の住民が一人も登場しないんです。かつて、沖縄だけでなく、石垣島や宮古島などを捨て石にしたように、いま新たに島を捨て石にしようとしている。石垣島の住民は、戦争中、日本兵のためにマラリアが発生するところに追いやられ、多くの人がマラリアにかかって命を落としました。それを伝えるために八重山平和祈念館がつくられています。それから宮古島は、たくさんの日本兵が来たために、食糧を奪われた多くの住民が餓死してしまいました。島民は関係なくて、島は領土でしかないんですよ。

中野　しかもそれが戦前から戦後の歴史のなかで、継ぎ目なくそのまま来ているのが実態ですよね。沖縄では米軍による統治が、日本の本土の占領よりもはるかに長く続いて、日本に返還されても結局米軍基地はそのままです。今度はさらに自衛隊がそこに増えていく。米軍も出て行かないので、結局、戦後がまるごとないかたちで次の戦前に連れて行かれてしまう。基地がある以上は当然本土を防衛するという名目の下に、実際には捨て石にされる。何かがあった場合には真っ先に攻撃の対象になります。沖縄の人たちが差別されていると感じるのも無理はありません。

憲法改正が発議されるとしたら……

福島　衆議院と参議院の両方に憲法調査会がつくられ、それが憲法審査会に変わりました。憲法審査会は憲法の調査と憲法改正案づくりが任務と定められています。小西洋之議員は、憲法審査会で安保関連法が違憲ではないか調査して議論しましょうと言っています。私は小西さんの案に賛成です。そうでもしなければ、憲法審査会が憲法改正案づくりのアリバイ的に使われる可能性があります。

憲法審査会で改正案が議論され、最終的にまとめるときに多数決をする可能性があります。全会一致にはしないでしょう。ですから生煮えの案だろうが何だろうが、これを使って憲法改正まで持って行く可能性があります。本会議に持って行ったら、賛成が三分の二を占める可能性があるので、そうすると憲法改正が発議される。

自民党の二階幹事長は老練な政治家ですが、安倍総理の意向を受けて党内を押さえていて、その二階さんが「今年(二〇一八年)、憲法改正の発議をする」と言ったのですから、可能性は高いと思います。

改正項目は、憲法九条、緊急事態条項、参議院の選挙区の合区解消、教育の無償化です。ただ、教育の無償化はきわめて抽象的に、教育環境の整備に努めるものとするという国際人権A規約よりも後退した中身になるかもしれません。教育の無償化は、日本維新の会と公明党対策の面があるでしょう。合区の解消は公職選挙法の改正で可能だと思うのですが、これは参議院の自民党対策、あるいはガス抜きと言われます。ほかに可能性があるのは環境保全責務の追加でしょうか。辺野古の新基地建設を強行しながら、なぜ環境保全責務などと言えるのでしょうね。あとは何でもいいんですよ。それをごった煮にして発議する。

安倍総理のこれまでの国会運営を見ていると、生煮えだろうが議論が深まらなかろうが、どうでもいいのだろうと思います。共謀罪法の審議はひどいものでした。金田勝年法務大臣は法案が閣議決定する前は、「まだ閣議決定していないので説明できません」と言い、閣議決定して法案が出てきてもひどい説明です。金田法務大臣が説明しようとすると、総理大臣と副大臣が両方から押さえて答弁させないようにしていましたよね。あれには驚きました。しかも参議院は一七時間五〇分しか法務委員会で審議しなかったし、委員会で採決もしなかったんですよ。想定されていた日程から一日前倒しで中間報告を行って採決させず、本会議に上程して成立させてしまった。これは奇襲大作戦です。

国民の間で議論が深まることも嫌なんですよ。ですから、憲法改正のときは、ものすごく短期間にやるだろうと想像しています。憲法審査会にいくつかの条項をバッと出して、パッと本会議に上げて、発議をする。電光石火でやってくるでしょう。

たとえば通常国会の最終日に近いところで発議して閉会にしてしまう。そうすると、発議はされているのだけれども、国会で議論ができない。メディアで議論したとしても、メディアは他の話題も扱わなくてはならない。それに、大相撲の暴行問題のように、別の話題が長々と扱われる可能性がある。そういう奇襲作戦で、国会の議論もメディアの議論も深まらないようにするのではないでしょうか。

国民投票法では、発議から国民投票まで六〇―一八〇日とされていますが、安倍内閣は限りなく六〇日に近くして、できるだけ議論できないようにするだろうと思います。先ほども触れましたが、この国民投票法は欠陥だらけの法律で、参議院で採決したときにたくさん付帯決議がつきました。それらの問題点は全然解決していないんですよ。

嘘と捏造による憲法改正?

福島　それから、憲法改正が発議されたら、ナチスが政権を握って国家授権法をつくる前に、国会議事堂放火事件が起こり、共産党員が犯人にされて党が弾圧されたように、何か大事件が起こる可能性があります。共産党を抑制してほしいと考えていた保守層が、ナチスをちょっと利用しようと思ったら、逆にナチスが力を増し、猛威を振るう。日本の例では、一九九九年に周辺事態法が審議されているとき、不審船の事件が起きてから、それまで冷ややかだった雰囲気ががらっと変わったことが忘れられません。特定秘密保護法もそうです。民主党政権下でしたが、尖閣諸島で中国漁船と海上保安庁の巡視船が衝突したのをきっかけに、それまであまり議論されていなかったのに、秘密保護法の審議会が立ち上げられました。

政治は生き物なので、三回廃案になった共謀罪をテロ等準備罪と言い換えて、東京五輪のテロ対策とごまかして通していくようなことが起こります。フレームアップ、プロパガンダ、メディアでの露出、それに何か事件が起これば雰囲気は一気に変わり、それによって憲法九条を変えるべきだという世論がつくられる可能性があります。

戦争は嘘と捏造から始まります。憲法改正も嘘と捏造から始まるかもしれません。ヴェトナム戦争におけるトンキン湾事件や、満洲事変もそうでした。

中野　おっしゃる通りだと思います。そして、政治自体が新自由主義化してきて、政治は合意形成ではなく、支配のテクニックを目的とするようになってきているので、嘘と捏造を使って野党を分断するなど、どんなあざといやり方でも小選挙区制を通じて多数派が形成できればそれでいいというシニシズムが広がっている。かつての自民党であれば、長期政権を作るために、単に勝ち続けるのではなく、野党にも少しお土産をあげようかというある種の知恵、作法があったのが、それがなくなって、とにかく分断して支配するようになっていったと思います。

同時に、憲法問題というものが、何を実現したいかよりも、憲法を変えること自体が目的化しているなかで、二つの手法が浮かび上がってきていると思います。一つが、福島さんが言われたごった煮という手法です。

冷戦が終わる過程で湾岸危機が起きて、九条を何とかしなければいけないけれど、九条は根強い人気があることに気づいた。これを壊すために、環境権や知る権利など、何か新しい権利も入れ込んだ方がいいとして、改憲ありきのムードを作ろうとするのが、手法の一つです。つまり、トロイの木馬のように、より広範な改憲論議で焦点をぼかしたなかに入れ込んで九条を改正しようという発想です。

安保法制も共謀罪法もグチャグチャにいろいろなものを入れて、十分に審議ができないようにして、よく理解されないなかで成立させてきました。真剣に合意形成をしようとしたら、こんなやり方は不真面目すぎるのですが、支配のテクニックとしては有用だと気づいたのでしょう。この手法が常態化していて、きわめて確信犯的にやっているのだと思います。

福島　国会も国会の議論もなくていいんです。「国会の議論ってしょうもないよね」と思ってもらったらそれでいいんですよ。

中野　多くの人がげんなりしてきて、国会に関心を払わなくなればそのほうがいい。そういう意味で本当にシニカルなやり方だと思います。

そして、もう一つの手法が、既成事実をつくっておくというものです。実際、新自由主義的な労働法の改正・規制改革はそのようにして進められてきました。たとえばサービス残業を常態化させておいてから、あるいは偽装請負などを含めて非正規雇用を膨らませておいて、そういう違法行為の積み重ねの上で、現実が法の実態に合っていないから法改正をすべきだという本末転倒の議論をするわけです。

九条に関しても、同様のことをやってきました。自衛隊の海外派遣はＰＫＯから始まって、どんどん枠組みが肥大化し、最終的には集団的自衛権の行使まで、限定的だとは言いながら容認することになりました。そして、九条は実態に合っておらず、自衛隊を違憲だと言う人までいるから、改正する必要があると言い出しています。合意がないうちから既成事実を作り、実態に合わないから、本来抑制したり規制したりする法律や憲法を変えていく。

憲法改正もこの二つの手法で強行しようとするはずです。改憲か開戦のどちらか、あるいは両方を何とかしてやってしまいたいと考えているのではないでしょうか。いったん開戦してしまえば、九条がありながらも、集団的自衛権の行使を容認しているのだから、あとは使うだけだということになりかねません。

ですから、政府には、必ずしも改憲は必要ない、既成事実をつくればいいのであって、戦争をするようになったら九条を改正する必要はないという意見と、いやいや、安倍さんの思いもあるのでやはり改憲をしておいた方がいいという意見があります。

福島　アメリカではもう改正を求める意見は強くないという話も聞きます。だって、もう実を取っているのですから。

中野　そうです。それに日本の安全保障研究者のあいだでも、もう実際に戦争をやればいいと平気で言う人もいるんですよ。自分のことを合理的だと思っている安全保障の研究者のなかには、九条は、多分にシンボリックな、本質的ではないもので、実際に集団的自衛権を行使してしまえば九条改正反対論は排することができるという発想です。恐ろしい時代になっています。

政権浮揚策としての改憲

福島 二階さんが「今年」と言ったように、安倍総理は二〇一八年か一九年のうちに憲法九条を変えようとしています。森友学園の公文書改竄が明らかになった後の三月二五日の自民党大会でも、あらためて意欲を示しました。

現在の安倍内閣は、公文書を改竄したうえに二〇一七年の総選挙を行ってできた内閣で、正統性がありません。ですから「憲法改正を言う資格はない」と参議院予算委員会で言ったら、「憲法改正の発議は国会がしますから」と話を逸らすんです。

中野 安倍さんがここまで無理をして、嘘をつき通しているのは、改憲に対する並々ならぬ執着と直結しているからだと思います。なぜそこまで改憲したいのか。それは歴史と現実を改竄したいからだと思います。英語で歴史修正主義を「historical revisionism」と言いますが、憲法改正は「constitution revision」です。英語は安倍首相の狙いを正しく表していると思います。

ところが、安倍さんの場合、憲法を変えて何がしたいのかが明確ではない。「戦争法」と言われてもピンと来ていないように見えるのは、安倍さんはどういう戦争をしたいか考えていないからだと思います。ただ、かつて著書で書いていたように、日本は「禁治産者」だ、つまり、戦争に敗けて、九条のせいで軍隊を持つことができない、いつまで経っても半人前以下の扱いだということに屈辱を感じている。それで、「みんなが持っているおもちゃ」が欲しいけれど、それで何がしたいかまでは深く考えていない。感情的であって、目的合理的な理由で憲法を変えたいわけではない。「美しい国」

を演出するために、嘘に嘘を重ねて、いまに至っているのだと思います。それでとうとう足がもつれてしまい、改憲自体が遠のいてきているのではないでしょうか。

そもそも安倍政権が改憲のアクセルを踏んだのは、二〇一七年五月三日のビデオメッセージと読売新聞の独占インタビューです。なぜかと言うと、その年の二月に森友学園問題が浮上して、それまで盤石だった安倍政権が揺らぎはじめた、ということがあります。改憲と政権の命運を一体化することによってコアな支持層の引き締めをはかったというのが実態だと思います。

福島 「俺しか憲法を改正することはできない」というわけですね。

中野 だからとことん自分をサポートしろ、と要請しています。それで、自民党の従来の改憲案とも違う、とってつけたような安倍改憲案が急に出てきました。言ってみれば、改憲問題まで私物化してしまったんです。

実際のところ、安倍改憲の実態は誰も知らないわけです。いまでもまだ骨子ぐらいしかなく、最終的な提案ができない。でも、それでいいんです。憲法を貶め、改竄することができればそれでいい。

いま安倍政権が大きく揺らいでいて、従来は二〇一八年九月の総裁選で三選確実と見られていたのが、総裁選まで持つのかどうか。前文科事務次官の前川さんが、「あったことをなかったことにはできない」として、加計学園の獣医学部新設に「総理の意向」が働いていたことを告発しました。それを受けて二〇一七年六―七月に支持率が激しく下落しましたが、共謀罪法を強行採決で成立させて、国会を閉じて逃げた。北朝鮮危機を煽ってJ-ALERTを頻繁に鳴らし、さらには解散権を乱用して総選挙を行い、内閣を改造して、というように、安倍さんは切れるカードは切り尽くしましたが、北朝鮮情勢はいま急展開していて、日本は蚊帳《かや》の外です。衆議院を解散することも難しい。改憲が政権浮揚の最後の武器でしたが、安倍さんは追い詰められていると思います。

福島　「対話のための対話はしない」という安倍外交の失敗が続いていますよね。

中野　コアな支持層に向けて、「改憲する」と発信し続けなければ政権が続かない。ですから改憲は最後まであきらめるつもりはないのだろうと思いますが、安倍さんにとっては残念なことに、その可能性はしぼんできていると思います。

福島　安倍総理がやりたいことは憲法を変えること、とりわけ憲法九条を変えることであって、そのためだけに安倍内閣は存在していると私も思っています。でも、いまことさらに改憲を主張しているのは、中野さんが言われたように、これが安倍総理の唯一の売りだからだと思います。それから、森友・加計とは違う問題を打ち出すことによって、今度は憲法だとテーマ設定を変えようとしているようにも見えます。

ですが、嘘で塗り固めた政治をいくら続けても、嘘のうえに嘘を重ねるしかない。それでは何も真実は明らかにならないし、生活もよくなりません。第二次世界大戦中、ドイツがアウシュヴィッツに到達する手前でいくつものターニングポイントがあったはずですし、加藤陽子さんの『それでも、日本人は「戦争」を選んだ』(新潮文庫、二〇一六年)ではないけれど、節目ごとに何ができたかを考えなくてはいけない。歴史に学んで、いまこそ嘘の政治をストップしなくてはいけないと思います。

どう食い止めるのか

福島　憲法改正を食い止めるには、やはり発議を止めるのが第一歩です。

中野　福島さんも触れた、国民投票法の問題点を多くの人に伝えていくことが、一つの防衛ラインになってくると思います。こんなにおかしな制度で憲法改正の国民投票をやってはいけないということをもっと浸透させる必要があります。それから、憲法改正がどういう帰結をもたらすのかも説明が必要だと思います。

ただ、私自身は政治学者なので、憲法改正の議論を憲法学的に正面から捉えるのではなく、政治学的に考えるのですが、そうすると憲法改正の発議ができないような状況をつくるのが一番手っ取り早いと思います。

安倍政権が継続するかどうかと憲法改正の発議はかなり一体化しています。安倍政権では改憲が自己目的化しており、何が何でも改憲をやりたいというのは安倍政権ならではのところがあると思います。ですから、改正の発議をさせないために、安倍政権を退陣に追い込むのが第一です。

その意味で、通常国会で安倍政権の支持率が目に見えて下がっていけば、発議を先送りにして臨時国会に向かっていくでしょう。目指すべきはこれです。安倍さんは改憲ありきのムードをつくりたいのでしょうが、「こんな政権に憲法改正をやらせたくない」、「憲法改正ではなくちゃんと仕事をしろ。できないなら退陣せよ」という声が強まったら、いくら自民党がだらしなくなっていると言っても、さすがに安倍三選を疑問視する空気が出てくるでしょう。

福島　そうですね。先ほど中野さんが言ったように、憲法改正でどうなるのかを伝えていく必要があります。一九九九年に周辺事態法が成立したとき、一九九七年の日米ガイドラインを単に法律化するものだと言われていましたが、実際はすごく変わりました。安保関連法・戦争法もそうですが、「いままでと変わらない」と言いながら、ものすごく変えていきますよね。

中野　私は口が悪いので、それを「痴漢的な手法」と呼んでいます。まるで痴漢のような卑劣なやり方をしているんです。そっぽ向きながら痴漢をするようなものです。性暴力のなかでもとりわけ卑劣な部類ですよ。既成事実を積み重ねていく手法も「痴漢的」だと思います。

福島　石破茂さんの方がタカ派だと言う人もいますが、言おうとしていることとやろうとしていることがはっきり見えます。安倍内閣は、甘言を弄して、君のことを愛していると言いながら妻を殴るDV夫のようで、気持ちが悪いんですよ。

中野　女性の支持が低いのはそういうところがあるからだと思います。

福島　こういう手法の問題と、取り組むべき課題を取り違えているという問題があります。安倍内閣は憲法を改正するためにエネルギーを使おうとしていますが、そんな場合ではないはずです。雇用はどうなんですか。社会保障はどうなんですか。生活はどうなんですか。こんな内閣に任せていられないという声を集めていく。二〇一八年一月の共同通信の世論調査で、安倍内閣の下での憲法改正に反対という人が五四・八％で、残りは賛成か、強行に反対ではないという結果が出ましたが、反対が五〇％を超えているなら、それをよりいっそう広げていく必要があります。

中野　改憲ありきのムードをつくらせてはいけないのですが、いまの段階では、その世論調査も含めて、改憲ありきにはなっていないのだと思います。

憲法改正に時間を費やすよりも他にやるべきことがあるはずなのですが、インタレストの政治からアイデンティティの政治に移っているということは、やるべきことがごまかされているということでもあります。本質的なこと、つまり生活や経済に関わる重要な課題に取り組む気持ちがないから、憲法改正に時間を費やしたい。そういう姿勢の安倍さんに乗っかっていくのはばかばかしいことであり、人びとが関心を寄せている経済争点から離れていくことになると訴えていく必要があると思います。

福島　安倍内閣における改憲を阻止できれば先が見えてきます。二〇一八年には改憲発議をさせない。二〇一九年は三月、四月に統一地方選挙、四月三〇日に天皇の生前退位、五月一日に新天皇が即位、そして七月に参議院選挙があり、二〇二〇年は東京五輪です。もちろん二〇一八年九月の自民党総裁選で安倍さんの三選を防ぐことも重要です。みんなで、何が問題で、どう解決するのかをさまざまな角度から議論して、憲法改正なんかをやっている場合ではないという空気をつくれば、この政治日程に憲法改正の発議が入り込む隙間はありません。

中野　そうなんです。逆に言うと、安倍さんはそのことをよく分かっているから、政権に復帰した時からアベノミクスで株価を吊り上げ、円安に誘導している。過去に学ぶという点について言えば、安倍第一次政権では、格差社会の問題、あるいは失われた年金記録の問題などが政権の命取りにつながったという意識があると思います。逆に言うと、むしろポイントはそこだと思うんです。

福島　正直、都合のいい数字ばかり上げているんですよね。韓国のろうそくデモでも、大学生が「自分たちは元気じゃない」と訴えました。格差が拡大していて、借金まみれで大学に行かなくてはならないからです。それから、イギリス労働党の躍進をもたらしたのも、「借金まみれで大学に行かなくちゃいけないのはもう嫌だ」という声でした。日本では、株を持っていない人まで株高を持ち出すのはなぜなのでしょう。自分の実感の方を信じればいいのに。

野党と市民の連携

福島　野党と市民の共闘は、選挙の時は候補者の棲み分けも含めて有効でしたが、二〇一八年はとりあえず国政選挙は予定されていないので、いまは選挙以外のさまざまな課題において、野党と市民の共闘を築いていくときかもしれません。

中野　選挙がないほうがやりやすい部分があると思います。選挙になると候補者を一本化しなくてはいけないので、それがたいへんです。そもそもそんなことをしなくて済む選挙制度の方が望ましいと思うのですが。

たとえば改憲発議をさせない、あるいは改憲発議をされたとしても否決させるには、議論を一本化する必要はないんですよ。改憲をさせない、他の課題に取り組めという点で、保守から左派まで多様なところで「これは嫌だ」というムードをつくる。その点で一致していれば、百花繚乱でいろんな方向を向いていていい。選挙に向けて整合性を付けようとして四苦八苦するよりは、ハードルが低いと思います。

福島　候補者を一本化するとき、政党主導でやるのか、市民主導でやるのか、地域によって、候補者によっても違ったりするので、神経を使います。でも、理由はさまざまでいいから安倍改憲に反対という運動をつくっていけたらいいですよね。
以前見た「NO」という映画がとても面白かったんです。チリのピノチェト政権が国民投票を仕掛けて、政権の正統性を確保しようとしたときのことが描かれています。メディアも独裁政権に牛耳られているので、反対派は夜中に一五分だけしかテレビの枠をもらえなかった。それで、独裁政権がなくなれば明るい未来がやってくるという明るいCMをつくって、それが成功するんです。ピノチェト政権側は国父礼賛的なCMをつくって流したのですが、反対派のCMの方が面白いから、人気が出る。もちろんそのCMだけでなく、反対派が大同団結するとか、外国に亡命していた人たちが投票直前に帰ってくるとか、選挙人名簿に登録する運動を始めたりするなど、いろいろな努力をしています。とはいえ、これはすごく面白いと思ったんです。やはり希望を作っていくのが一番有効ではないでしょうか。

中野　安倍改憲に「NO」と言うために、一色に染まる必要があるわけではありませんし、安倍改憲への対案が一つしかないはずもありません。それから、いま言われた希望をストレートに伝えた方がいいということはありますよね。

福島　表現の自由がなくて、個人が尊重されない国、民主主義がない国も嫌じゃないですか。それとは違う未来を作ろうというメッセージがみんなに伝わるといいなと思っています。

第4章

民主主義は甦るか

市民運動と議会政治

中野　社会学者の市野川容孝《やすたか》さんが二〇〇六年に『社会』という本を岩波書店から出していますが、いまは「社会」という言葉が日本社会から抜け落ちているのではないでしょうか。

福島　そうですね。たとえば、自分が「社会」に出るために受ける教育には、公立の学校でも私立の学校でも税金が使われています。だとすると、どこかで社会に還元すべきだという意識があってもいいはずです。「社会に育ててもらった」という意識はどこかに必要です。

中野　「社会人」という言葉が「会社人」を意味していて、そうした意識の薄さを表していると思います。

福島　その意味で、社会民主主義によって政治をどう変えていくかを考えたいと思っています。日本の政治を変えるうえで、市民連合が果たしている役割は大きくて、野党共闘を進めるだけでなく、野党と市民の共闘によって市民の側が力をつけたと思います。つまり、政党が候補者から何から何まで決めるのではなく、市民のイニシアティブで、一緒に政治を変えようという意識が広まりました。これで日本の政治は大きく変わったと思います。

よく誰がやっても同じだと言われますが、安倍さんがやるか、私がやるかで政治は一八〇度違いますよ。ただ、中野さんは選挙のない時期も重視しているのですが、それは具体的にはどういうことなのでしょうか。

中野　日本の政治風土にはこれまでも市民運動がありましたが、ともすると議会政治とは対立的に捉えられる傾向があったと思います。これは日本に限ったことではないと思うのですが、いわゆる間接民主主義と直接民主主義は相容れないとまでは言わないにしても、かなり敵対的な関係にあると考えられてきました。たとえば、六〇年安保では、市民運動の側が議会突入を訴えたら、新聞各紙が「議会政治を守れ」と論陣を張るということがありました。ですが、ここに来て、日本だけではなく世界的に間接民主主義、議会政治が機能不全を起こしているという危機感が共有され、間接民主主義と対立するというより、補完的、協調的、修復的な動きとして市民運動が高まっています。

その直接の契機は、日本の場合には、やはり東京電力福島第一原発事故でした。東日本大震災が起こってから、市民のあいだで、政治家はどっちを向いて政治をやっているのか、メディアは我々が知りたいことをきちんと伝えているのかという疑念が高まってきました。あえて英語で言うと、リプレゼンテーション(representation つまり、re 再び presentation 表す・現す)が、二つの意味において壊れてきているという認識があったのだと思います。

リプレゼンテーションの一つは議会政治のことです。我々をリプレゼント、つまり代表しているはずの議員や政府が、本当に我々のことを代表して政治をやっているのかという不信感がかなり広まっていったということです。これは当時政権にあった民主党だけではなく、与党のときに自民党が進めた原発政策なども含めてのことです。また、野党時代の自民党は国会でかなり妨害的な行為をしていましたので、議員のあり方に対する疑念が募ったのだと思います。

もう一つはメディアです。人間が直接知ることができる情報は限られているので、我々はメディアに依存せざるを得ない。ところが、東日本大震災、とりわけ原発事故以降、メディアが我々の知りたいことを伝えてくれているのか——リプレゼント、再現機能とも言いますが——、かなり歪んでいるのではないかという認識が広まりました。

これまで政党やメディアに任せていたけれど、主権者として声を上げなければいけないという意識が強まっていったと思います。直接行動とSNSが連動する形で、大きな政治的な動きが出てきた。これはもちろん日本でだけ起きていることではなくて、アメリカでも世界金融危機に端を発してオキュパイ運動が起こり、中東では「アラブの春」、東アジアでは雨傘運動やひまわり運動が起こりました。そして、日本の運動が海外からインスピレーションを得て、逆に日本の運動が海外でも注目されるといったことが起きてきた。

とりわけ二〇一五年九月、安保関連法案の審議が参議院に移ってからの運動は特筆すべきものでした。国会前で多くの人たちが集まって「野党は頑張れ」と叫び、それが議事堂のなかでも聞こえていました。これは戦後史を振り返っても、なかなかないことではないでしょうか。そこに参加した人たちは政治との対決よりも政治の修復を求めていました。主権者である我々の代表であるはずの政治家たちがこちらを向いて政治をしないのであれば、我々がそれを変えていかなければいけないという考えがあったとも言えます。だから国会前で声を上げるだけでなく、選挙にも関わっていった。

これによって、日本の市民運動はある種のブレークスルーを成し遂げたと思います。今後は何かがあったら、おとなしく黙って家に帰るということにはならないだろうと思うのですが、政党政治を変えるのはハードルが高い。日本の場合、小選挙区制、公職選挙法、政党助成金など、既成の大政党、世襲議員、現職議員にきわめて有利な選挙制度になっているので、なおさらそうです。ただ、市民運動の力はかなり強くなってきていて、多くの人たちが経験を積んできているので、これが政党政治においても大きな変化につながっていくのではないかと思っています。

主権者が政治の主体になるには

福島　中野さんの有名な演説に、「掛け布団・敷き布団」があります。長くやってきた平和運動の「敷き布団」と、脱原発運動、あるいは秘密保護法や安保関連法に反対して始まった新しい「掛け布団」の協力です。私はほかに「毛布」や「あんか」が出てくるのではないかと思っています。

私自身の経験で言うと、私は事実婚なので子どもが婚外子です。それで、弁護士時代には生きがいと実益を兼ねて住民票と戸籍の続柄差別裁判や法定相続分の差別裁判の代理人を担当しました。やや細かくなりますが、住民票の続柄欄には、以前は法律婚の夫婦の子どもは「長男・長女・二男・二女……」と書かれ、養子は「養子」、婚外子は「子」と表記されました。これを全部同じにしたら何か不都合があるのか。当時の自治省に調査を求めたところ、調べた結果、行政実務上何ら支障がないことが明らかになり、通達一本で表記がすべて「子」に変わったんです。

また、前にも触れたように、セクシュアル・ハラスメントの裁判が起こったことで、「セクシャル・ハラスメント」が一九八九年に流行語大賞を取りました。いま、伊藤詩織さんの告発によって性暴力が議論されていますし、財務省の事務次官のセクハラ問題を機に大きな議論になっていますが、とりわけ一九八〇年代後半から女性たちは声を上げて、少しずつ変革してきました。

議員になってからは議員立法でドメスティックバイオレンス防止法(DV防止法)をつくりましたし、給付型奨学金の導入を求めたら、政府が検討し始めました。このように、誰かが「これって変」と思い、誰かが「是正しよう」と行動することによって制度は変わります。

ですから、多くの人が政治は変えられると思ったら、劇的に変わると思います。政治は「汚い」ものので、政治家たちが夜な夜な料亭で談合して動かしているというイメージがあるかもしれません。たしかに変な世界ですよ。にもかかわらず政治はすさまじいパワーを持っていて、みんなの生活に直結しています。主権者たちが権利を行使していけば、政治は変わります。

森友・加計学園問題は「政治の私物化」のシンボルだと思いますが、政治を私物化している人間は、「俺に任せておけ」と秘密保護法を盾にして情報を出さないし、人びとが何か話し合いをしていたら共謀罪で逮捕すればいい、メディアも弾圧してコントロールすればいいと考えているでしょう。これは民主主義の対極です。

それから、主権者教育はいま選挙を中心に行われていますが、もっと日常的なことで、自治体の議会を傍聴に行ったり、国会中継をネットで見たり、あるいは請願を出したり、地元選出の国会議員に会いに行ったり、行政と交渉してみるといったこともやってみていいのではないかと思います。あるいは新聞に投書したり、「あの記事はよかった」と新聞社に電話したりすることも主権者教育の一つです。無駄になってしまうこともあるかもしれないけれど、うまく行くこともあるという経験をみんなが積めば、虚しいとは思わなくなるのではないでしょうか。

中野　そう思います。政治の流れで言うと、冷戦の終盤に入ってくる一九八〇年代に、保革がにらみ合う構図が壊れてきて、福島さんが当時、市民運動のなかで弁護士として活動していたように、市民が登場するスペースが生まれました。

ところが、八〇年代から九〇年代のある種リベラルな流れが、最終的には新自由主義に持って行かれてしまいました。バブル崩壊後、日本経済が低迷するなかで、新自由主義的な経営手法が導入され、政治にも、小選挙区制の導入、官邸機能の強化などを通じて新自由主義的なモデルが取り入れられていきました。二〇〇〇年代の小泉政権がそれを引き継ぎ、民主党政権にもそういう要素があったと思います。

その意味で、主体になろうとしていた日本の主権者が、一九九〇年代、二〇〇〇年代を通じて、また客体に戻っていったところがある。投票する時は主権者になるけれど、それ以外は政治家にお任せです。

福島　市場における消費者のような行動ですね。政権選択をしたら、あとは任せる、マニフェスト通りにやってくれ、という姿勢です。

中野　そうなんです。政治が主権者との契約関係のようになっていたところがあったと思うのですが、やはりそれではいけないのだということが明らかになってきたのが、東日本大震災以後の流れです。先ほど主権者教育の話が出ましたが、主権者になるとはどういうことかというと、突き詰めれば自分自身の生活や人生の主体になるということだと思います。それを追求していくと政治に関心を持たざるを得ない。

とはいえ一人ひとりの人間は微力ですから、ポイントは「つながる」ことだと思います。他の人びととつながらないと何かを変えることはできない。要は、我々が分断されていたり、孤独であったりすれば、政治を変えるのはなかなか難しいんです。ただ、相手もその人生の主役ですから、お互いをリスペクトし合い、他者性を認め合いながらどうやってつながっていくかが問われます。

しかし、このモデルの力強いところは、つながること自体がすでに変えることになるということです。つながることによって変えることが始まるというのが、いまの時代の運動の力強さだと思います。

旧来の左派的な考え方では、崇高な理念やイデオロギーの下に集うことが求められます。そこには統制の取れた党としてのラインがあり、導く政党と導かれる大衆が想定されています。その極端なモデルが前衛党の独裁です。革命が成就するまでは、かなりストイックになることが求められるのですが、なかなかそうは行かず、そのなかで人権侵害も起こる。むしろ多種多様な人たちが必ずしも丸く収まらないで、お互いにせめぎ合いながらも協調を模索していくという運動のあり方というのは、旧来のモデルにはないバイタリティがあると思います。でこぼこの人たちがつながり合うことによって、そして完全に一つにはならないことがむしろ有効なんです。私自身は和紙を漉くようなイメージを持っています。繊維は不均一で綺麗に並んでいるわけではないけれど、簡単には破けない強い紙ができあがる。まどろっこしくて、矛盾をはらんでいて、緊張関係もあるけれど、つながること、直接つながれないときには媒介を挟んでつながっていく市民運動の新しい形が生まれていると思います。頂上を取るまで何も変わらないということではなく。

福島　SEALDsの、「民主主義ってなんだ？　これだ」というコールはおもしろいです。国会のなかにも民主主義はあるけれど、むしろ「ここ」、つまり私とあなたの会話のなかにある。あなたが職場や家庭で交わす会話のなかに民主主義がある。民主主義は全国津々浦々どこにでもある。「民主主義ってなんだ？　これだ」、つまりここに民主主義があるのだということが、ある種の転換になっているのだと思います。

内田樹さんが『困難な結婚』（アルテスパブリッシング、二〇一六年）という本で、「「自由で民主的で平等で、みんなが愛し合い、尊敬し合っている社会」を実現するための政治組織は、今ここですでに「自由で民主的で平等で、みんなが愛し合い、尊敬し合っている組織」であるはずです。そうでなければならない。そういう組織にしか、「自分の甲羅と同じ模様の社会」を作り出すことはできない」（一七〇―一七一頁）と書いています。その通りです。年齢もバックグラウンドも違う人たちと運動をするわけですから、楽しいことばかりではないし、何でも自分の思った通りにはなりません。でも、いまはそれがとても大事です。

女性が安倍支配に風穴を開ける

中野　政治は個人の自由、尊厳、権利を守るためにあるのだと思います。しかし、安倍政権のやっていることは、もはや政治ではなく、支配と服従です。そしてそれは、新自由主義的な政治制度に支えられています。官邸がやたらと権力を集中させている。その象徴が内閣人事局です。あるいは、党の総裁が議員の生殺与奪の権利、つまり公認権や選挙資金の配分を一元的に管理する状態ができてしまっている。そうしたなかで、自民党の国会議員が尊厳を失ってクローンのようになってしまった。

福島　内閣人事局が二〇一四年五月三〇日に安倍内閣でつくられてしまったことは致命的です。官僚の幹部七〇〇人の人事を握るということは、ピラミッド組織ですから、その下の人事も掌握していることになります。かつての省庁は官邸にただ従っているだけではなかったのですが、もはや抵抗や議論は失われてしまいました。

それに自民党の国会議員たちの言動も問題だと思います。国会で、公的な委員会の時間を使って、「総理は質問に答える時にスーツの前のボタンをきっちり留めてから発言する、非常に礼儀正しい方だと思います」などとおべんちゃらを言っている。

中野　そういう意味でも、将来がない政治になっていると思います。権力を集中させて、次の芽が出てこないようにしているわけですから。安倍さんは我が世の春をいつまでも謳歌していたいのでしょうが、それでは次がありません。ただ、そもそも女性は男性優位社会のなかで空気を読んでも得にならないので、空気を読もうとしない人が多いと思います。だから、安倍政権の「嫌な感じ」を鋭く察知する。

福島　女性はこの社会にこびたところで、成果が少ないんです。

中野　人間のデフォルトのモデルが男性とされている歪みがあります。私的な領域は女性に任せて、公的な領域で支配のゲームを繰り広げているので、女性には「王様は裸だ」と言えてしまう。

それは市民運動でも同様で、安保関連法に反対する運動では女性が大きな役割を果たしました。ママの会はもちろん、「あすわか」(明日の自由を守る若手弁護士の会)や日弁連、総がかり行動、SEALDs、立憲デモクラシーの会などでも女性が引っ張っていました。

私自身が間近で見ていて、新しいなと思ったのは、SEALDsでした。SEALDsで一番目立っていたのは奥田愛基《あき》君でしたが、ある段階から意図的に奥田君を押し出して、大きなうねりにつなげる作戦をとっていました。しかし、国会前などでのスピーチでは、女性のスピーチには男性にない訴求力があったと思います。裏方でも、公安警察や、総がかり行動などの他の団体との交渉を担っていたのは女性でした。

福島 SEALDsが解散した後、「未来のための公共」という団体ができて、もちろん男性もとても頑張っているのだけれど、女子学生が頑張っています。コールもやるしスピーチもやるし、怒りも持っている。

それから、ママの会には福島から避難してきた人がいます。つまり東日本大震災で政府の発表を信じていたらたいへんなことになると思い定めている。しんどい社会だけれど、自分から一歩踏み出さない限り変わらないと知っているんです。

ドイツでなぜ脱原発が実現したのかというと、チェルノブイリの後、ママたちが政府の見解を信用せず、自分たちで土壌汚染を調べて、長い時間をかけていろいろな活動をやったことが功を奏したのだそうです。日本もそういうところがあるのではないでしょうか。もちろん男性も頑張っていますが……。

先ほどの「掛け布団・敷き布団」で言うと、新しい「掛け布団」の人が出てくるのがすごくうれしいんです。今日初めてマイクを持ったという女性が素敵な話をする。緊張でちょっと震えながら、SEALDsの男子学生がスマホの原稿を見つつスピーチする。このようにして新しい人がたくさん出てこなかったら運動は変わりません。

SEALDs再考

中野　それまでの自分とは違う自分が、大勢の人の前でスピーチしたりすることによって生まれてくる。それが運動の強さにつながっていく。人間の可能性に対する信頼を回復させてくれる過程なのだと思います。また、それがつながりをつくる前提条件になっていると思います。
ただ、SEALDsがある種特徴的なのは——正式名称は「自由と民主主義のための学生緊急行動」ですが——、学生を名乗っているけれど、かつての全学連や全共闘と比べるとずっと規模が小さい。それは今日のような新自由主義化した経済・社会状況において、声を上げることがどれだけたいへんなのかを示しているのだと思います。SEALDsは一番多かった時でも多分数百人で、学生のあいだではマイノリティだったと思います。
もう一つ面白いのは、SEALDsは「偏差値エリート」学生の運動ではないというところなんですよ。学生運動というと、日本に限らず世界的に通常エリート学生が中心になります。
福島　韓国の民主化運動はソウル大学などの学生が頑張っていましたよね。弾圧もされていました。
中野　天安門事件でもそうでした。当時の中国で大学生をやっているということは、それ自体がエリートであることを意味していました。
ところが、SEALDsにはいわゆる偏差値エリートはそれほどいませんでした。明治学院大学とかICUとか筑波とか上智とか、どれもいい大学なのですが、いわゆる偏差値トップ校の学生がリーダーではありませんでした。

ところが興味深いのは、「安全保障関連法に反対する学者の会」の人たちの反応です。佐藤学先生や広渡清吾先生など、参加していた先生方を挙げていくと、まるで日本学術会議の役員名簿のような感じなんですよ。日本の知的エリートの代表のような人たちが、SEALDsと一緒に抗議行動をしてはしゃいで、それで、「私も四〇年ぶりにマイクを持ちました」と言ってスピーチをする。彼らの世代は運動をするのが当たり前で、その後学問をやって、功成り名遂げてからSEALDsに出会う。この学者たちは、東大で出会えなかった学生に国会前や路上で出会ってこんなにはしゃいでいるということに、ある日私は気付いたんです。

東大の学生は、減点方式の試験で、一つしかない正解を回答できる人たちなので、「間違ったこと」はしません。SEALDsで活動するのはある意味で「間違った」ことなんですよ。なぜかというと、私的な利益にならないからです。東大の先生たちはそういう学生を見ていて歯がゆく感じていたのだと思います。

ですが私は、勇気がない知性というのは本当の知性ではないと思うのです。これはおかしいと思っても、そう発言したり行動に移したりできるかどうかは、知性ではなく勇気の問題です。その意味で、SEALDsは知性だけではなく勇気も持っていたと思います。

それに、エリートに限らず日本の学生は、知識が不十分だから行動など起こせないと考える傾向があります。ですがそれが根本的に間違っているのは、知識は勇気がなければ得ることができないし、知識を得たらそれを使って行動に移さなければ、新たな疑問が生まれたり、新たな知識を求めることにつながらない、ということです。一〇〇点満点取れるまで何も声を上げないということは、日本の教育の失敗ではないでしょうか。SEALDsは日本の教育制度が管理を強め、ものを言わない人たちをつくろうとしているなかで、そこを打ち破って出てきたのだと思います。

彼らの場合、デモが強調されましたが、読むべき本のリストをつくったり、勉強会を開いたりして、下の世代に種をまいていました。

福島　安冨歩さんの『原発危機と「東大話法」』（明石書店、二〇一二年）ではないけれど、学歴と本人の実力、知力、人間力とはほとんど関係ない。学歴という一つの物差しがすべてと考えられていることが問題だと思います。それに優等生の方が、この社会の支配層の価値観に染まっていて、そこからはみ出すことができない。こちらの方が病が深いのではありませんか。

中野　安倍さんや橋下徹さんもそうだと思うのですが、強い者に服従し、尽くすことによって、逆に自分よりも弱い者たちに自分への服従を強いることができるというパラダイムがあります。あえてきつい言い方をすると、そのパラダイムに従い、奴隷になっていくのです。主体性を奪われて、隷属せざるを得ない状況に置かれる。そのとき、奴隷であることを拒否するのか、奴隷頭になろうとするのか。安倍さんの奴隷は、隷属状態から抜けようとする人をあしざまに言うわけです。

そうした人間を隷属させる社会のあり方なんかには付き合う気はさらさらないと、空気を読まずに言ってしまう人たちがいます。それがSEALDsの若者たち、ママの会の女性たちでした。そういう人たちが全国のあちこちから現れて驚かされました。

福島　センスがいいし、素敵ですよね。「うんちくたれたれ」の文化ではなくて、今ここであなたと私が一緒に何かを生み出す喜びがある。

マンスプレイニングとマウンティング

福島　私自身、子育てをするなかで面白いことがたくさんあったのですが、娘が小学校二年のときに、母の日にカードをくれたんです。「お母さん、ありがとう。いろいろお手つだいしてくれてありがとう。わたしもお手つだいしてあげます。とてもうれしいです」と書いてあって、「え、私はあなたのお手伝いをしているの？」と驚いたことを覚えています。こちらは子育てしているのですが、娘にしてみると、お手伝いをしてもらっているという感じだったんですね。しかも「わたしもお手つだいしてあげます」なので、きわめて対等です。つまり私は彼女の人生を手伝っているだけなんです。子育てでは毎日何か新しいことに触れることができて、子どもの成長力に親が負けそうになりますよね。子どもという「小さき者」が実に面白いことを言うわけです。

私が主宰している「みずほ塾」に、三浦まりさんに来ていただいたことがあります。その時、三浦さんが「マンスプレイニング」という言葉を紹介してくださったんです。アメリカで、ある女性が本を書いて、パーティに行ったところ、来ていた男性(マン)が、この本はすばらしいと彼女に対してそれを説明(エクスプレイン)した。つまり、女と見ると男はうんちくをたれたがる。ママの会の女性たちも二〇代、三〇代と若いので、俺が運動を教えてやると言ってくる男性がいるというのです。うんちくよりも手伝ってくれるほうがずっと助かるのですが！

「マウンティング」理論も男性の行動を説明するのに役立ちます。動物のマウンティングのように言葉によって相手よりも上位に立とうとすることですが、男性は女性にうんちくをたれつつマウンティングしているんです。「俺の言うことを聞け。俺に付いてこい。俺は偉いんだ」です。

こういうマンスプレイニングやマウンティングの言語が世の中にあふれていると思いませんか？

中野　そう思います。そして、ジェンダーの視点から言えば、安倍的な政治のなかでは、非常に歪んだ男性性が暴走している。それを根本的に解体しない限りは、一人ひとりが尊厳を持って、自分が生きたい人生を生きられる社会、政治、経済をつくることはできないと思いますし、それは男性自身を解放することにもつながります。

ただ、企業社会も永田町も霞が関もそうなのですが、支配と服従の連続のなかで、より上位にある人が下位にある人たちを威圧する支配の道具として言葉が使われ、権力が行使され、それが性暴力の形を取ることもあります。これを拒む側も、自分たちのなかにそういった要素が入っていないか気をつけなくてはいけないと思うんです。

福島　先ほどSEALDsやママの会の話が出ましたが、私がそこに可能性を感じるのはマンスプレイニングやマウンティングの文化がないということです。一緒にいるとこちらの既成概念が壊されるので、楽しいんですよ。

ですが、安倍総理の病理と戦う側でも、マンスプレイニングやマウンティングが行われていると思います。これはもったいないことです。

中野　やはりある種のメンツだったり、誤りを犯すことへの恐怖心があるのだと思います。日本の男性は、社会化の過程、つまり成長する過程で、虚勢を張る、あるいはマウンティングをしたりされたりすることを身に付ける。そして組織に組み込まれて出世を目指す。こういうことを繰り返しています。

もちろん私も立派な中年ですし、男ですから、正直言って市民運動に関わることに抵抗があるんですよ。つねにやめたいと思っているんです。なぜかと言うと、他の人がやってくれればいいし、若い人や女性がやってくれた方がもっといいと思っているんです。私がいることで彼らのスペースを奪うことになると嫌なので……。

福島　そんなことはないですよ。

中野　でもそう思うんですよ。私自身は邪魔になりたくなかったので、SEALDsが結成されたとき、私からは絶対に彼らにコンタクトをとりませんでした。つまり、私が彼らに教えることなんて何もないからです。ただ、あるときから彼らが私を使って何かしようとしているならいいやと思うようになりました。ですが、できるだけ邪魔にならないようにしたいと思っています。

フェミニストとは誰か

福島　社会民主主義にはフェミニズムが入っていると思うんです。トランプ政権に反対して、アメリカだけでなく、スウェーデンなどでもウィメンズマーチが起こり、性暴力に反対する「#MeToo」の運動が起こったり、ゴールデン・グローブ賞の授賞式でセクシュアル・ハラスメントに抗議して、メリル・ストリープをはじめ、みんなで黒いドレスを着たりする。日本でも女性たちが集会を開きました。フェミニズムはトランプ政権の暴君的で新自由主義的な政治に対抗する、一つの思想、運動になっていると思います。そして社会民主主義にはフェミニズムが入っている。ここで中野さんはなぜフェミニストになったのかをうかがいたいです。

中野　三浦ともよく話し合うのですが、私自身は「自分はフェミニストだ」とは言えません。ものすごく抵抗があるんです。女性に対する差別に反対していれば誰でもフェミニストなので、言ってもいいのかもしれないのですが、自分自身のことをフェミニストと絶対に言えないのは、私が中年男性だからなんです。というのは、構造的な抑圧があるからです。社会民主主義はこの構造的な抑圧を変えていく思想です。構造的な抑圧のなかには、女性やあるいは若者や子どもに対しての抑圧が存在することは無視できません。

その抑圧に向き合う時、女性であることと男性であることとは絶対に違うと思います。つまりフェミニストたちへの敬意から、とてもじゃないけれど、フェミニストなんて自称できない。現実の社会のなかで私は明らかに受益者だし。明らかに立場が強いからなんですよ。

福島　なるほど。ただ、私自身はたまたま女性という性を与えられましたが、女装をする男性もいるし、男性なのだけれど、子育てを通じて女性原理を身に付けた人もいます。

この社会における男と女の既得権益の違いもあって、社会を変える武器、知識、その他いろいろなものを男性から学ぶことが多いです。やはり蓄積の度合いが違いますから。でも、息苦しいのではないでしょうか。

中野　そうですね。私自身も男性性の生きづらさ、しんどさをいかに回避できるかを子どもの頃から考えていました。背広を着て、ネクタイを締めて、満員電車に乗って通勤する生活はとうてい無理だと子どもの頃から思っていました。運良くこういう仕事に就くことができたのですが、自分の生い立ちを振り返ると、父親も、家庭環境も、男性性を押し付けるようなところがなかったのは幸運でした。私の父親は母性が強い人だと思いますし、私自身も、もしかしたら三浦より母性が強いかもしれないと思うことが多々あります。

それに、よく料理もします。彼女はもともと料理が得意だし、以前は一緒にやっていたのですが、妊娠したときから子どもが二歳になるぐらいまでは、私しか料理はしていなかったんですよ。男性だからとか女性だからというのはばかばかしいと思いますし、構造的に女性だけでなく男性も抑圧するものだと思います。ただ、私にマンスプレイニングしてくる人はいないわけですよ。

福島　確かに、私が中野さんにうんちくをたれるのは難しいですね。

多数派の専制を超えて

福島　日本には一向一揆や自由民権運動の歴史があります。選挙も大事ですが、観客民主主義ではなく主権者として政治にコミットするにはどういうことが必要でしょうか。

中野　おっしゃる通り、歴史的に先例はいくらでもあるし、今日の民主主義も戦争が終わった後、アメリカに与えられたものだけではないと思うんです。もちろん占領時代の改革は大きかったと思いますが、その前の蓄積があったからこそ実際に運用することができたわけですし、戦後七〇年以上やってくることができたのだと思います。

ただし、戦後の保守支配のなかで巻き戻しがある程度あったことは事実ですし、政治が新自由主義化するなかで、支配の構図が再び違った形で構築されてきている部分はあるのだと思います。文化的な面では、メディアがここまで保守的になったことはかつてありませんでした。たとえば一九八〇年代はもっと議論がありましたし、逆に言うと、いまの議論はあの頃の議論からどれだけ進歩したのかを考えると愕然とします。熊本市議会に子連れで出席した議員が問題にされましたが、八〇年代にすでにアグネス論争(子連れ出勤論争)がありました。また、鹿児島県志布志《しぶし》市の少女を鰻《うなぎ》に模したものなど差別的な内容が目に付くCMが炎上していますが、七〇年代には「私作る人、僕食べる人」というCMへの抗議運動がありました。

実際には八〇年代、九〇年代に前進した部分もあるのだと思いますが、それが相当押し戻されています。メディアのなかでも、社会を前に進めようという意欲が表に出にくい構造になってきています。もはやメディアは報道機関ではなく情報産業になっていて、貧すれば鈍する、とにかく企業として収益を確保することが優先されて、事なかれ主義、前例踏襲主義に流れているのだろうと思います。

実際には「こんなのおかしい」と思っている人、社会を変革するようなメッセージを出したいと思っている人もメディアのなかにはいると思います。どうやって制度的に出せるようにしていくのかが我々の課題ではないでしょうか。

政治の分野で言えば、再三問題にされている小選挙区制を見直していく必要があります。議員が国民の代表としての主体的な行動を取りにくい選挙制度を作ってしまったのは大きな問題です。それに、世襲議員や現職議員に非常に有利な比例復活制度も含めて見直すべきです。小選挙区制は導入からもう二〇年以上経っているわけですから、見直すタイミングにあるのではないでしょうか。

福島　小選挙区制が導入された当時、私は弁護士でしたが、もちろん大反対でした。小選挙区制では、五一対四九だったら四九が落ちてしまいます。マジョリティを取らなくてはいけないので、どうしても尖った部分、シャープな部分を丸くして、たくさんの人に支持されるように配慮するんです。政治課題のなかで、何かが明らかに落ちてしまう。

とりわけ安倍内閣は、弱者を叩き、沖縄や在日韓国・朝鮮人を叩く。外国人の地方参政権の問題しかり、朝鮮学校への補助の問題しかりです。まつろわぬ人びとを弾圧するモードになっている。そして安倍内閣は、抵抗するなら弾圧してもいいと、ある意味決断していると思います。国民もそれに便乗している面があるのではないでしょうか。在日韓国・朝鮮人の人口は五〇万ほどですし、沖縄の人口も一四〇万ほどで、国会議員の数も多くはない。もし沖縄の人口が三〇〇万、五〇〇万だったら、この政権は訴えを聞くかもしれないんですよ。一四〇万のうちのかなりの部分は切り捨てていいのだと思っている。辺野古新基地建設反対運動の弾圧は象徴的です。

多数の問題ではないのだけれども、取り上げなくてはいけないテーマがあります。難民問題しかり、外国人技能実習生の問題しかり、貧困の問題しかり。小選挙区制では、こうしたテーマがどうしても落ちていってしまいます。たとえば国会には死刑廃止議員連盟があるのですが、活動はあまり知られていないかもしれません。それは、小選挙区で勝ち抜くためには、あまり尖ってはいけないということがあるのだと思います。だから与党と野党第一党が似てきてしまう。政権交代が可能な二大政党制というのは、AとAダッシュくらいの違いしかない政党による支配になりかねない危うさを持っています。

中野　それは小選挙区制に内在する多数派の専制の問題です。これはすでに一九世紀にジョン・スチュアート・ミルが指摘していました。多数派の専制というのは、私に言わせれば少数派の専制なんです。というのは、先ほど五一と四九とおっしゃいましたが、実際には五一も取れてはいません。

福島 投票率が低いですからね。

中野 そうなんです。沈黙してしまう人たちを前提にして、「多数派」になっているわけです。逆に言うと、この間、寡頭支配が強まって、日本会議のような特殊な右寄りの思想を持つ団体がそこに食い込んでいるというのは、多数派の専制にはさらにトリックが入り込んでいることの表れだと思うんです。

安倍総理にしてみると——トランプもそうなのですが——、小選挙区制は、要は多くの人たちをうんざりさせて、無関心な状態に置くことが勝利への近道になるという制度になっているわけです。ですから多くの人が、AとAダッシュでは選びようがなくて投票自体がばかばかしいから棄権してしまう。そのなかで相対多数を取ればいいわけです。戦略として、冷徹にこう考えています。

福島 以前森総理が「(有権者は)選挙のときに寝てくれればいい」と発言して、問題になりましたね。

中野 あれは正直に本音を言ってしまったんです。多くの人に「寝ていて」もらって、あとは野党を分断しておけば相対多数は取れる。しかも勝者総取りですから、実際には三五%ぐらいしか得票していなくても、二位が二五%だったら楽勝なんです。それが他の選挙区でも起これば圧勝できてしまう。

福島 最近長谷部恭男さんと石田勇治さんの『ナチスの「手口」と緊急事態条項』(集英社新書、二〇一七年)を読んで、とても面白いと思いました。ナチスも選挙で圧勝したわけでなく三割の得票しかない。安倍内閣も「安倍一強」と呼ばれるけれど、得票は三割ほどです。やはりこの点を考える必要があります。安倍内閣は小選挙区制のおかげで圧勝できているけれど、小選挙区比例代表並立制ではない、比例単独の選挙制度が必要ではないでしょうか。比例代表制では少数政党が乱立するとして、否定的に捉える傾向がありますが、ヨーロッパでは複数の政党が連立政権を組むことが多いですよね。ドイツの選挙制度も比例代表制ですが、かつて社民党と緑の党が連立を組んで脱原発を進めました。

中野　一九九三年の政権交代の結果、九四年に妥協が成立して小選挙区制が導入されました。中選挙区制には問題が多いと思いますが、比較的比例代表的な制度でした。そこからいわゆる「多数派」支配の小選挙区制に移行するというのは、世界史的に見ても時代に逆行する動きでした。世界の選挙制度の歴史を見ると、通常は小選挙区制的な制度から、より比例的な制度に移行していっています。なぜかというと、近代化が進むなかで、女性をはじめとする多様な「マイノリティ」が社会に進出し、環境問題などさまざまな社会的課題への意識が高まるという変化が起こります。それなのに選択肢が二つしかない、というのでは対応できません。定食屋さんに行って、定食AかBしかメニューがないのではがっかりしますよね。自分が選びたいものを選べるようにしてほしいという声が高まっていくなかで、比例代表制への移行が起こりました。

日本はそれに逆行した数少ない国で、実際破綻が起きています。イギリスのような単純小選挙区制の「母国」においても、現実には二大政党制は機能していません。少し前に連立政権がありましたし、いまは少数派内閣になっています。地方分権が進んで、スコットランドなどでは比例代表制が導入されています。日本が小選挙区制にしがみつく理由はないわけです。

小選挙区制の見直しをしない限りは、より多様な民意を表出するという代表制の機能が風前の灯の状態になってしまう。選挙制度の改革なしには代表制の正常化はないと思います。

福島 安倍総理のためではなく、みんなのための政治を実現するには選挙制度の見直しが必要です。それから、選挙に出るための供託金の問題もあります。私は弁護士の宇都宮健児さんなどが代理人になっている供託金の裁判を応援しているのですが、日本の供託金は世界でもダントツに高額です。OECD(経済協力開発機構)三五カ国中二二カ国は供託金がゼロですが、日本では小選挙区が三〇〇万円、比例が六〇〇万円です。それから、都道府県議選で六〇〇万円、政令指定都市の市議選で五〇万円、一般市の市議選で三〇万円が必要です。雨後の筍のように誰でも候補者になってしまうのを防ぐ意図があったのかもしれないけれど、高すぎます。これでは若い人や女性は選挙に出ることができません。だから世襲議員が増えるんです。

選挙制度を変える

中野 本当にそうだと思います。丸山眞男の有名なエッセイに「「である」ことと「する」こと」があります。民主主義「である」ことにあぐらをかいているのではもはや成り立たなくなっています。民主主義の実質をどうやって実現するのかを考えると、やはり制度改革が必要です。一九九〇年代に新自由主義的な民主主義——私自身、それは民主主義ではないと思うのですが——の方向にドドっと動いてしまった。それは冷戦時代の自民党一党支配と、そのなかで生じた政官業の癒着に対する一つの回答であったとは思うのですが、それが約束していたことが何一つ実現しなかったことが明らかになっています。腐敗や癒着は今も深刻です。

福島　政党助成金を導入したときに企業献金を見直すはずでしたが、そうなっていません。今も政治は経団連の言いなりです。

中野　献金はそのままですし、小選挙区制の導入で二大政党制になれば政権交代が可能だと言われていましたが、今日に至るまで、政権交代は二回(一回は自民党への逆戻り)しか起こりませんでした。それは、イギリスをモデルにした多数派型支配と言われる民主主義のあり方が根本的に見落としていることがあるからだと思います。

一つは、官僚制が実際には中立ではなく、自民党にべったりだということがあります。そもそも自民党は戦後、官僚制の政治部門として形成されてきました。価値中立的で、政治とは一線を画しているイギリス型の公務員制度ではありません。にもかかわらず、その点を無視して政治的な統制を強めてしまいました。

もう一つは、イギリス型の多数決型民主主義は一院制ないしは一院制にきわめて近い状態を前提にしているということです。日本はむしろ真逆で、二院制がかなり強いんです。衆参両院で同じ法案を通さなければ法律が成立しない、参議院も国民の代表であるから、きちんと民主的に選出されなくてはいけないということが憲法体制として確立している。そもそもイギリス型の民主主義に移行する阻害要因を抱えていたと言えます。ですから、間違えたところは間違えたと反省して見直さなければ、市民運動がここまで強くなって、政党政治を変えていこうとしているなかで、そういう民意をより正確に反映することができないままになってしまいます。

福島　もう一つ、選挙権と被選挙権の年齢の問題があります。私は被選挙権も一八歳まで下げていいと思っています。先日、ドイツ社民党の市会議員が私の事務所を訪ねてきました。とても若く見えたので年齢を聞いたところ、一八歳だと。彼は両親が社民党員で、小さいころから政治に関心を持っていたそうです。当局が情報公開を渋るのはおかしいと言っていました。ノルウェーの社民党や労働党も、若者のセミナーをやっています。一八歳ですと、就職活動と勘違いするなと批判されるかもしれませんが、政治はみんなのものだとすれば、若い時に議員をやって、いったん辞めてまた議員になるなどのルートが考えられます。とくに自治体はとても身近なものですから、限られた地元の権力者たちが功をなし名を遂げてから議員になるのではなく、いろいろな人が議員をやったらいい。なり手が少ない自治体や、無投票のところもあることを考えると、年齢を下げたらどうかと思います。

中野　政治参加が平等に担保されなくてはいけないというのは、大原則だと思います。確かに年齢が高ければ経験や知識があるので尊重されるべきだとは思いますが、一八歳、一九歳の若者も最低限必要な知識は持っているので、責任のある主体として、社会の一員としての役割を果たすことができるようになっていて当然です。

さらに言うと、むしろ若者が尊重されなくてはいけない理由があると思います。知識や経験は一般に年輩の人たちには敵わないかもしれないけれど、この先この社会で生きていく時間は長いわけです。そうするとやっぱり、原発、基地、安全保障の問題にしても、日本という政治コミュニティのなかでより長いあいだ暮らしていく可能性が高い人たちの声が黙殺されることを正当化できる理由があるわけはありません。
もちろん選ぶのは有権者ですから、嫌だったら若い人に投票しなければいい。機会そのものを奪うことのほうが問題です。日本は他国と比べても被選挙権の年齢が高いので、せっかく選挙権年齢を一八歳に引き下げたのですから、被選挙権も下げなければ合理性がないですよね。

福島　参議院の被選挙権年齢は三〇歳以上なので、いったん会社員になったりすると、辞めて選挙に出るのは勇気が要ります。会社員のまま出られればいいのですが。

中野　他の国では、立候補する段階で辞職しなければいけないことはありません。当選してから休職して、議員を辞めたら復職できる国もあります。

福島　日本でも、電車の車掌さんをやりながら自治体議員をやっている人がいます。議員は兼職禁止ではないと思うんです。

中野　逆に言うと、法律をつくって、立候補を理由にして解雇したりすることはできないようにすることもありうると思います。これは議論のあるところだと思うのですが、後押ししていかないと、政治参加の可能性・機会はどんどん狭まっていって、機能しなくなってしまいます。

福島　それから、国会の常任委員会を傍聴するには議員の紹介が必要です。ですが、国会議員の知り合いがいる人など、日本ではすごく限られています。以前、原陽子さんという二五歳で当選した社民党の衆議院議員と一緒にこれを改善しようと取り組んだことがあります。これは法律で決まっているのではなく、先例に従っているだけでした。誰がこの社会の主人公なのか。主権者が主人公なのですから、議員の紹介なしで国会を傍聴できて当然なんですよ。

中野　国会議員を知らない人にこそ傍聴してほしいですよね。国会は公共空間なのですから、どんどん働き掛けて変えていかなければいけないと思います。

福島　国会から人を遠ざけるようにしているんですよね。千里の道も一歩からではありませんが、何とか変えていきたいです。

それから自治体での政治参加のあり方で言うと、世田谷区長の保坂展人《のぶと》さんは、区民一二〇〇人を無作為抽出して呼びかけ、街づくりについて議論してもらうという取り組みをしていました。首長や議員が先んじるよりも、住民に委ねるほうが不毛な議論が少なかったそうです。人びとのなかにこそ民主主義がある。

中野　国会傍聴だけでなく、選挙の戸別訪問なども原則としてできるだけ自由にするほうがいい。本来は我々主権者のものなのだから、傍聴に制限があるほうがおかしいし、戸別訪問ができないのは買収の恐れがあるからなのですが、買収されると思われるほど我々は腐った国民だと見なされているということですよね。

福島　もし憲法改正が発議されたら、国民投票のＣＭは規制すべきだと思いますが、普段の戸別訪問などはやっていいと思います。それができないのなら、企業団体献金をやめた方がずっといい。これは合法的な買収のようなものです。

社会民主主義とは何か

福島　社会民主主義の社会というのは、みんなが安心して望めば子どもを生み育て、安心して働き続け、安心して年を取ることができる社会をイメージしています。もちろん男女平等な社会です。

中野　福島さんと重なるのですが、構造的な抑圧を社会、政治、経済から取り除いていくことが社会民主主義の目標なのだと思うんです。一人ひとりの個人が、自分が暮らしたいように、尊厳を持って暮らすことができる。尊厳には、差別を受けない、あるいは経済的に困窮しないことが含まれていると思います。究極的には、それぞれが自分が生きたいように生きることができる社会をつくりたい。

ただ、構造的な抑圧を取り除いていくときに、誰か一人だけが回答を持っていて、場合によっては暴力的な手段を使うのではなく、あくまでもリベラルなアプローチで進めていくべきだと思います。社会民主主義にたどり着く過程もまた抑圧がないようにする。自分たちはこれが正しいと思っているけれども、唯一の解として他の人に押し付けるのではなく、選挙を通じて実現していくというイメージです。そのとき、社会民主主義者であるかどうかは別にして、実際には、「あれ？　それって社会民主主義に当たるんじゃないですか？」ということは起こりうると思います。

この間、保守かリベラルかという議論ばかりがありましたが、社会民主主義はいまひとつ浸透度が低くて、若干蚊帳の外に置かれているところがあると思います。ですが、いまのような時代だからこそ、社会民主主義的な方向に対してかなり強い共感を持っている人は実際には多いと思います。

福島　「民主主義ってなんだ？　これだ」にならって、「社会民主主義ってなんだ？　これだ」という勉強会をやりました。アメリカのバーニー・サンダース、スペインの左派政党ポデモス、イギリス労働党のジェレミー・コービンの政策を勉強したのですが、そこには共通項があります。一つは公平な税制の実現です。それから、最低賃金を上げること。アメリカの最低賃金は連邦法で七ドル半ですが、サンダースはそれを一五ドルに上げると掲げて、若者たちが熱狂的に支持をしました。それから公教育の充実です。サンダースも公立大学における授業料の無償化を主張しました。

イギリス労働党のコービンは鉄道の再国有化などを掲げていましたが、社会民主主義に舵を切っています。二〇一七年のイギリスの総選挙は、メイ首相が仕掛けて、結局少数与党になった。イギリスでも新自由主義的改革が行われて、緊縮財政になり、若者は借金まみれで大学に行かなくてはいけない状況です。イギリスはヨーロッパ大陸諸国とは違って大学の授業料は無償ではないんです。新自由主義とは違う流れが求められるなかで、社会民主主義が出てきているのではないでしょうか。

翻って、私が所属している社会民主党は、日本社会党のままでよかったのではないかと、とくに年輩の男性からよく言われるのですが、社会主義ではなく社会民主主義に意味があると思います。ソーシャル・デモクラティック・バリューには社会主義的な潮流から来ているものもありますが、デモクラティック、つまり民主主義の要素が入っていることが大切です。マンスプレイニングやマウンティングのない、それとは違う未来を、違う政治文化をつくることを目指す。これは実は政党だけではなく、日本の多くの人が望んでいることなのではないかと思います。

なぜ新自由主義が支持されてきたのか

福島　新自由主義による自由競争原理の強化、奪い合いの経済、労働法の規制緩和など、小泉構造改革の延長線上に安倍内閣があるから、「生産性向上」、「人づくり革命」と言われても、信用することができません。安倍内閣は労働者派遣法を全面的に改悪しました。この点があまり共有されていないんです。二〇一七年の参議院選挙の分析でも、東北、北海道などの農業が盛んな地域では野党統一候補が勝っています。奥羽越列藩同盟かどうか分からないけれど、長州のことは信用しないという空気があるのかもしれません。これに対して東京や神奈川では、国家主義に嫌悪感を抱く人びとも、新自由主義的な政策には拍手を送ることがある。これはなぜなのでしょう。

中野　それは官から民へというフレームに惑わされている部分が大きいと思うんです。官と民のどちらがいいかと問われれば、民がいいと考える人がいるのは不思議ではありません。官というのは官僚制であって、反応が鈍くてサービス精神が薄い、つまり、お役所仕事をやっているというイメージが固定化されている。ただ、実際に起こっているのは、官から民へではなく、公から私へということだと思います。このことが伝わっていない。

「民営化」は実際には私営化・私有化です。公共のもの、みんなのものが、特定の「私」のものにされてしまう。あるいは、私的に賄わなくてはいけないものに変わっていく。それでいいのかと問われれば、よくないと答える人が多いのではないでしょうか。五五年体制の下で政官業が癒着して、そのなかで官が主導権を握っていた体制を崩したいということにはある程度合理性があります。税金の無駄遣い、官僚の天下りはおかしいのですが、その結果、別の「私物国家」が出来上がってしまった。安倍政権ではこれまでとは別の形で政官業が癒着しています。決して人を幸せにしていないのですから、公共性のあり方をもう一度考え直さなくてはいけない。

これは日本だけではなく東アジアに共通していると思うのですが、冷戦期に日本の一党優位支配に類似した独裁体制が形成され、政官業が癒着していたところでは新自由主義は根強い人気があるんです。欧米では冷戦期にも競争的な政権交代が——二大政党制ではなく、比例代表制でも——あったので、新自由主義は東アジアほどは人気がない。そして、先ほど福島さんがおっしゃったように、社会民主主義的なものに対する希求が、とりわけ若い人たちのあいだで強くなっている。それはやはり新自由主義の実態がばれているからだと思います。

日本では一党優位支配の下で官が肥大化して無駄が生じました。多くの人がそれで損をしているという意識があるので、改革のイデオロギーとしての新自由主義幻想がかなり根強かった。二〇〇〇年代前半の小泉政権はもちろん、その後の民主党政権にもその色彩がありました。野党では維新もそうです。

ただ、もしかしたらもう底を打ったかなと思うのは、二〇一七年の総選挙直前に起こった、小池百合子都知事による民進党乗っ取り計画の失敗です。七月の都議会選挙では新自由主義的な改革をアピールして勝利を収めたのですが、一〇月の国政選挙では不発でした。これは画期的なことではないかと思っています。

福島　そうですね。「排除」がキーワードでした。つまり小池さんは「包摂」とは真逆の人なのだということが分かった。ということは、みんなはやはり包摂を望んでいるのですよね。

中野　そうだと思います。一部の人にはあのような小池さんの底意地の悪さがうけるのかもしれませんが、日本社会はまだそこまで破綻しているわけではないと思うんです。二〇一七年の総選挙では、「こんなのは嫌だ」という人が多かったことが見えたのだと思います。

福島　排除発言もさることながら、希望の党の政策協定書に驚きました。安保関連法に賛成すること、憲法改正に賛成すること、外国人の地方参政権に反対することなどが書かれていましたから。民進党は安保関連法は違憲だとして反対しました。その人たちに踏み絵を踏ませて、集団転向をさせるというのは単なる排除ではありません。

中野 それから、「金を出せ」という要請もありましたよね。

福島 私もあれは驚きました。弁護士としては、これは金額が空欄の契約書だからサインしない方がいいですよと言いたい。

中野 政策協定書には、希望の党の公約に賛成することという項目もありましたよね。ところが、その時点で希望の党の公約は決まっていなかったんです。この踏み絵の踏ませ方は、私に言わせれば奴隷契約です。「あなたの言うことを何でも聞きます」ということに同意しなさいと言っているのですから。

小池さんの言う「リセット」がそのことを端的に表していると思うんです。橋下徹さんも「グレートリセット」と言っていましたが、要はリセットボタンを押した後、どうするかは自分が決めるということです。そこでも白紙委任なんですよ。改革者としてのイメージを肥大化させて、その改革は人びとをどこに連れて行くかは言わない。まあ、言えないとは思いますが、そのイメージ戦略が通用しなかったのは大きな成果でした。

福島 多くの人がこの社会のひどさに飽き飽きしているので、リセットと言われると希望を感じるけれど、それが効かなかったわけですよね。ですが、そもそもリセットなど不可能です。私たちがいなくなるわけではないのですから。ひどい社会を少しでもよくしていくことが政治の役割です。

中野　新自由主義的な政治の手法としては、とにかく既得権益を叩いて見えやすい敵をつくるということがありますよね。小泉さん流に言えば「抵抗勢力をあぶり出す」です。これが拍手喝采を浴びていたのですが、いまの段階まで来ると、その手法によって次にあぶり出されるのが自分かもしれないという恐怖感、あるいはこれは一体誰を幸せにしているのかという疑問が人びとのあいだで生じているのだと思います。

小池さんは「しがらみのない政治」と言っていましたが、しがらみのない政治とは恐ろしいものです。有権者と議員の約束はある意味しがらみですから。しがらみのない議員が好き勝手やってリセットしたら、あとは小池さんの意のままに何でも決めるのであれば、それは完全に独裁制です。あそこまでグロテスクな形で出たことによって、結局それでは我々にとっても危ないということを多くの人が理解したのかもしれません。もちろん必要な改革はありますが、「改革」と唱えれば何でもいいのか。九〇年代に、小選挙区制導入に反対する人は守旧派、賛成する人は改革派というレッテルが貼られ、それが続いてきましたが、いまようやくほころびを見せています。そのロジックに乗らずに、より建設的な議論をしようという気運が生まれているのではないかと思います。

名乗りの連帯へ

福島　小池さんが、自民党の都議会のドン内田茂さんを守旧派に仕立てて闘い、人気を博したことと、小泉総理が自民党総裁でありながら「自民党をぶっ壊す」と言って、自民党を守旧派に仕立てて闘い、人気を博したことはパラレルだと思います。それから生活保護バッシングや公務員バッシング、沖縄の新基地建設に反対する人へのバッシングもそうです。

翁長雄志《おながたけし》沖縄県知事がまだ自民党にいたときに、沖縄の首長たちが日比谷音楽堂で集会をやった後、デモを行ったのですが、右翼の人たちがそれに罵声を浴びせていたんです。沖縄の人たちは怒りも感じたし、非常にショックを受けていました。沖縄に関するフェイクニュースも流されています。国土の〇・六％の島に七五％の基地が集中しているのに、まだ我慢しろと言うのでしょうか。

安倍内閣が危険だと思うのは、そういうところです。ユダヤ人迫害のテロ「水晶の夜」まで行きかねない。そうならない社会にしなくてはいけません。


中野　いかにして我々が分断を乗り越えて連帯することができるのかが問われています。戦後のある時期、ヨーロッパでは社会民主主義の黄金時代がありました。その時に下支えをしていたのは、労働組合に組織化された男性労働者でした。ジェンダー・バイアスが強いなかではありましたが、労働組合の組織率も高く、公正な経済的分配を求めて声を上げ、一定の成果がありました。

しかしその後、冷戦の終焉で大きく崩れていきました。今日、社会民主主義を再生させるには、前と同じようには行かないと思います。これはもちろん労働組合が無力だということではないのですが、大事なのは、違う立場の人びとが他者性を前提とした上で連帯するにはどうすればいいのかということです。女性、沖縄、セクシュアル・マイノリティ、非正規労働者等々、それぞれ違った形で分断統治の手法で不利な立場に追いやられてきた人びとが、その分断を乗り越えて、他者性を前提にしてつながることができるかどうか。そこが大きなポイントです。

市民社会においては、それはすでに起きてきていると思います。先ほど出てきた市民運動の盛り上がりを、私は「名乗りの連帯」と呼んでいます。この間特徴的だったのは、名乗って連帯の意思を表明するということでした。あえてママの会と言ったり、学者の会と言ったり、SEALDsのように学生だと名乗る。ただ、よく見ると、ママの会にはパパもいましたし、子どものいない人もいました。ただ、「だれの子どももころさせない」ということに共鳴する人であればママの会のメンバーとして活動することができる。

名乗るのはなぜかと言うと、他の人を排除するためではなく、「私たちも参加しますよ」と伝えるためです。「明日の自由を守る若手弁護士の会」もどこまでが若手なのかはどうでもよくて、若手の弁護士だと自認する人ならともに活動する。学者の会でも、それぞれの大学でまた大学有志の会がつくられていきました。

二〇一五年に後藤健二さんがＩＳに殺害された時もそうだったのですが、「私が後藤健二だ」と名乗る。いま世界的に起きている「#MeToo」の運動も、少し前の「#保育園落ちたの私だ」という運動も、「あなたと連帯しますよ」という表明です。これは誰かが「こういうやり方をしよう」と指揮したわけではありません。にもかかわらず、世界でも日本でも確実に広まってきているのは、立場も境遇も異なる人びとが、この構造的な抑圧体制、支配と服従の政治から脱したいという思いでつながろうとしているということだと思います。そういう声の上げ方が新しい社会民主主義の根幹になるのではないでしょうか。

社会民主主義を広げていくには

福島　中野さんは『右傾化する日本政治』で、レーガン、サッチャーの後、クリントン、ブレアが出てきたけれど、振り子が新自由主義から社会民主主義に振れるのではなく、「第三の道」に行ってしまったと書いていました。「第三の道」は新鮮に響いたかもしれませんが、新自由主義的な方向にどうしても引っ張られてしまいます。これでは本当の意味のイギリス労働党の良さが出ません。ノルウェー労働党はむしろ労働組合に依拠する方針を採っています。そのノルウェーでも、二〇一七年の総選挙で社会民主主義政党は勝てませんでした。そうは言ってもヨーロッパではスウェーデン社民党、ドイツ社民党が強いし、フランス社会党の候補者は大統領選で大敗しましたが、マクロン政権で社会党の政治家が内務大臣、外務大臣を務めています。いまのグテーレス国連事務局長はポルトガルの社会民主主義政党政権の首相でした。それでも、世界的に見ると、社会民主主義は弱くなっているのでしょうか。

中野　保守は一九七〇年代の後半から八〇年代、九〇年代にかけて世界的に新自由主義への転換を行ってきました。社会民主主義勢力はいま、新しいあり方への転換の途上にあるのだと思います。個人の尊厳、人びとの多様性を踏まえて社会民主主義的な基盤を再形成するための試行錯誤が続いている状態です。

社会正義の実現、構造的な抑圧をなくしていくという理念の力は、むしろいま強くなってきていると思います。それには運動内部の組み換えが必要です。かつて運動のなかで男性による女性の抑圧があったのならば、それと決別しなくてはいけない。新しい社会民主主義が、現実に、再び力強く政治の安定をもたらすことができるかどうかが試金石だと思います。

福島　日本で社会民主主義への支持を広げていくには、公平な税制の実現と労働法制の規制強化が大切だと思います。その意味で、高度プロフェッショナル制度の導入や裁量労働制の拡充は、認めてはなりません。ただし、裁量労働制は働き方改革の一括法案から外されました。

中野　政治における説得の論法は、究極的には二種類しかないと思います。それは何かというと、一つはカント主義的な言い方、つまり、なぜ個人の自由が尊重されるべきかというと、個人は自由であるべきだからだと言い切るというものです。絶対的な価値に訴える。リベラル左派は、この論法に依拠する度合いが比較的高いんですよね。たとえば「女性も男性も平等であるべきなどというのは当たり前なので、譲ることはできない」と強く言うのは重要だと思うんです。

もう一つの論法は功利主義的な言い方です。価値そのものが絶対であるということをさておいて、「儲かりますよ」、「いいことありますよ」と言ってしまう。価値そのものと言うよりは、その価値を持ち上げることによって、どういう良い結果が生まれるのかを訴える。保守やネオリベラルの人は、こちらが得意です。

原理原則のカント主義的な論法を捨てる必要はないのですが、功利主義的な論法も使っていくのがいいのではないでしょうか。「あなたたちのやり方ではお得になりませんよ」、「原発はコストがかかりすぎますよ」、「労働者の賃金が下がったら、物が売れなくなりますよ」とかと言ってみる。こちらもバラ色の未来を約束できるわけではないけれど、きちんと再分配されて、生活の質が保証されるような最低賃金を設定する方が、経済が回っていくという訴え方ができるかどうか。ここは知恵の絞りどころだと思います。両方の合わせ技をやらないと、リベラル左派というのは理想論を言っているだけだ、お花畑だと揶揄されるばかりです。それは聞き入れる必要はないと思うのですが、「あなたたちの方が非現実的でしょう」と反論できるかどうかです。

福島　子どもは生まれないし、女性は働き続けられないし、年収は少ないし、内需は拡大しないし、ということですね。

中野　「あなたたちの言うことを聞いていたら、防衛費が肥大化するばかりで、日本の社会は続いていかない。何の考えもないんでしょ？」と種明かしをしていかなければいけません。そして、こちらのやり方の方が、日本の社会を前に進めていくことにつながるのだと提示していく。天賦人権論は西洋のものだから日本には合わないと言われますが、尊厳と権利が守られる社会でなければ持続していきません。ですが、新自由主義的な議論も実は同じ基礎を持っているんですよ。所有権の概念は西洋で誕生しましたが、西洋がなぜ近代化をリードしたかというと、所有権をきちんと制度化したからだと言われています。

生まれながらに人権を持っているとカント的に言うだけでなく、人権を尊重しないと社会・経済は回っていかないと功利主義的に言うこと。これが大切です。

「活躍」の強制でいいのか

福島　そうですね。ですが、安倍総理は最初から一部の人のための社会でいいと思っているのではないでしょうか。つまり、生まれたときから付き合っているお金持ち、既得権益層など、ある種の「貴族」のような人びとと、経団連がよければいい。つまり寡占化された社会でいいと思っているので、だからこそ逆説的に「一億総活躍」や「女性の活躍」などと言ってみる。外で愛妻家ぶっている男は本当は愛妻家ではないのと同じで、人間は後ろめたいと反対のことを言うんです。

中野　それに、誰かが別の誰かに「活躍しろ」とか「輝け」と言うのは、要するに動員です。「一億総活躍」は一億総動員に限りなく近い。「女性の活躍」も女性の動員です。戦前に高度国防国家だ、総動員体制だとやって、結局は国を破滅に追い込んだわけですから、同じことを繰り返そうとするのを許してはいけません。

福島　いまの日本では片働きではやっていけなくて、共働きが増えています。保育所に子どもを預けて働き続ける女性が多いのですが、片働きだとリスクが大きいんですよ。だって、「白馬の王子様」と結婚したとしても、その夫もリストラに遭ったり、会社を辞めざるを得なくなったりするかもしれません。あるいは、その人と大恋愛の末に結婚しても、愛情が冷めて離婚するかもしれないんですよ。そうすると、やはり働き続けていないとリスクが大きい。

よく女の人が働かざるを得ないと言われますが、それは違うと思うんです。病気やその他の事情がない限りは働き続けられる社会をつくった方がいいと思います。もちろん働かない選択もあります。

中野　大学で教えていて感じるのですが、女子学生が男子学生に劣るということは絶対にありません。ですから当然の権利として、そして社会の活力という観点からも、働きたい女性が働き続けられるような制度をつくるのは当たり前のことだと思うんです。

福島　ある新聞社で女性を多く採用するようにしたら、子育てや転勤をきっかけに辞めてしまう人が出てきてたいへんだったと聞きました。ちょっともったいないですね。

中野　その点は個々の企業に任せるのではなく、社会全体としてリスクを軽減する対策を講じる必要があります。知恵を絞って、ワーク・ライフ・バランスや男性の働きを見直すこととセットで議論しなければ、これからも家庭責任を女性、あるいは企業に押し付けることになってしまいます。

福島　内田樹さんは先ほどの『困難な結婚』で、離婚して子どもを引き取って育てているとき、研究時間が短くなることを気に病むのではなく、机に向かっている時だけが研究時間だとは思わない、以前よりも考え方が深まって、むしろよかったと書いています。確かにそうです。私も子育てで人生が豊かになりました。しかし、子どものお迎えの時間までに、仕事が終わらないときに、神経が焼き切れるような思いをしました。

中野　個々の労働者や企業にリスクを背負わせるのではなくて、どうやって制度的に負担を軽減するのかを考えなくてはならないと思います。というのは、そうしなければ社会の再生産ができないからです。再生産できないというのは、単に子ども、つまり次の働き手が生まれてこないというだけではなくて、働いている人たち自身も、いまおっしゃったように一皮むけたりするようなさまざまな経験をすることができなくなります。介護、子育てなどもありますし、人間がフルタイムで一〇〇％総活躍し続けることなどそもそも無理です。次につなげていくことを考えると、やはり人間らしい働き方が必要です。私的な領域におけるケアにかなり時間を割いて、そしてまた仕事に戻ってくる制度をつくらなければ、持続可能な社会はできません。

それには新自由主義的な自己責任の論理や、企業が負担を外部化させていくことを許していてはだめで、やはり社会民主主義的なアプローチのなかに解があると思います。

第5章

多様な人びとを政治の場へ

迷惑をかけることを怖れない

中野　新自由主義的な自己責任論以前の問題として、学校教育から何から「他人に迷惑をかけるな」が日本の伝統的な道徳教育の第一項目になっていることが問題です。これはかなり罪深いと思います。

人間はそもそも不完全なものです。もちろん病気になったり、育児、介護をしたり、障がいを持っていたりすると、自分は一〇〇%社会に貢献し続ける存在ではないということを認めざるを得ません。ただ、認める、認めないの問題ではなく、人間は不完全であり、逆に言えばそれで成長することができる。失敗もすれば迷惑もかけるということが、社会制度の設計に織り込まれなければいけないのに、それをしないように文化が創られています。

そういう人間の不完全性というものに対して、「当たり前でしょ。何を言ってるの？」と言える感覚は、女性のほうが強いと思います。それは、女性がケアの現場により近い存在だからです。「一億総活躍なんてできるわけないでしょ。自分でやってから言ってみろ。家のことをやれるようになってから言ってみろ」という感覚です。

ですから、男性性が中心的な価値になっている非現実的な文化のあり方というものを揺るがしていかなければいけない。公私の領域は、そんなに綺麗に分かれるものではありません。人間はそれらの領域を行ったり来たりするものであり、それがつねに可能でなければなりません。領域のあいだにどう線を引くのかは、みんなで議論するべき問題だと思います。自分を責めたところで、それが社会全体の最適解につながるわけではないということの認識を広めていく必要があります。

生真面目な人ほど鬱になったり、引きこもりになったり、自分を責めてしまう傾向が強いのかもしれません。反省することも大事ですが、自分に全責任を押し付けるような解決の仕方は誰のためにもなりません。みんなが隷属して、服従して、自分の責任なのだと思い込み、そういう人たちのあいだで「奴隷頭」になりたい人が威張って他の人たちの頭を押さえつけることが続くばかりです。

福島　我慢しろ、迷惑をかけるな、という思い込みは大きいですね。たとえば労働組合でも、ストライキを打つことへの抵抗が大きい。ある労働組合が年末年始にストライキを打とうとしたら、使用者側がストライキを阻止するために提訴したけれど、さすがに裁判所は認めなかった。団体交渉権、ストライキ権は労働者の基本的な権利なんですよ。迷惑はかけるし、かけられるというお互い様の意識がなくなっています。

気分の悪くなった人に「どうしたんですか？　大丈夫ですか？」と声をかけ、助け起こすのではなく、できるだけ傍に寄らないようにして職場に急ぐ人を見かけます。効率性重視ということでしょうか。

中野　ですが、最終的には効率的ではないんですよね。ここ数十年の日本では、経済問題でも社会問題でも何ら解決できていません。日本ではやはり社会科学の教育が欠けているのではないでしょうか。ある種の精神論や気合いが強調される傾向が強まっていて、冷静に社会科学の手法で――経済学、政治学、あるいは社会学もそうです――、全体像を捉えて、そのなかで最適解を導く意識が低くて、みんなが我慢する、迷惑をかけないようにすることが優先されて、視野が狭くなり、結局効率も上がらなくなっていきます。社会への感覚を再生させる必要があると思います。

一〇代後半、二〇代、三〇代の死因のトップは自殺です。そして、自己肯定感が保育所・幼稚園、小学校、中学校、高校、大学になるに従ってどんどん下がっていく。勉強をして、人間関係が広がれば、自己肯定感が強くなっていくのが普通ではないでしょうか。根拠のない万能感には注意を要しますが、それなりの自己肯定感が高まるのはいいことだと思います。保育所や幼稚園の頃、子どもたちはとても元気なのに、だんだんと社会の物差しで測られて、劣等感を持つようになり、分相応でいいと考えるようになる。そのようにして自己肯定感が落ちていく。そうして社会のなかに居場所がないように感じられ、死にたいと考えてしまう。

福島　安冨歩さんとお話ししたことがきっかけになっているのですが、いま私は、子どもに対するすべての暴力をなくすことを政治の真ん中に据えてやっていこうと考えています。物理的暴力だけでなく、精神的暴力もパワハラもセクハラも性暴力もすべてです。もし子どもに対するすべての暴力をなくすことができれば、かなりの問題は解決するのではないでしょうか。

中野　息子の小学校に足を運ぶようになって、私自身が小学生だった頃からの進歩のなさに驚かされます。黒板に向かって机が並ぶという教室の構造自体も旧態依然です。教育学の知見は蓄積されているはずで、それによって変わっていくべきだと思うのですが、変化していないんです。

私の世代は生徒数が非常に多かったし、管理教育といっても管理が徹底されない「遊び」の部分があり、まだ逃げ道がありましたが、いまは少子化で、管理教育という言葉を超えたレベルで管理が徹底しています。子どもたちは絶えず値踏みされ、仕分けられ、分断され、序列化されていきます。そのなかで自己肯定感を持って成長していくのは難しい。

そのうえ、さらに道徳が教科化されました。目上の者の言うことを聞くことが教え込まれるのですから、やはり教育の問題は大きいです。

先ほど偏差値エリートの話をしましたが、偏差値エリートは万能感を持っている場合があります。究極的なゲームの勝利者で、勝ち組に入っているから、負け組のことをさげすむ。これは構造的な暴力の産物です。体罰があるかどうかではなく、学校教育のある種の暴力性を考えるための、学術的な知見があるはずです。それが全く生かされておらず、むしろ教育現場の状況が悪化しているというのは恐ろしいことです。

福島　子どもに対するすべての暴力をなくすというのは、「急がば回れ」的ではあると思います。女性に対する性暴力や、他にもいろいろなことが手つかずのままなのですが、子どもにはもっと手が届いていません。子どもに対するすべての暴力をなくすというのはたいへんなことだと思いますが、社会をもっと居心地のいいものにする第一歩だと思います。

政治は子どものことを無視しています。子どもは有権者ではありませんし、性別役割分業が染みついている政治家からすれば、子どもや女性は躾の対象であって、権利を主張する主体ではない。道徳の教科化に端的に表れているように、鋳型にはめて秩序を教え込むべき存在です。その子の素晴らしさをどう引き出すかというより、むしろこの社会の末端として生きることを、教育によって身につけさせようとしています。

中野　先ほどの功利主義的な議論で言えば、少子高齢化で人口が減っているにもかかわらず、将来の労働者を使い捨てにするようなやり方をしていて、経済の未来が描けるわけがないんです。数少ない子どもたちに社会として投資をしないでどうするのか。従順で機械のような労働者がいればいいというわけではありません。経済的な合理性の観点から見ても、明らかに歪んでいます。

多様な人びとを政治の場へ

福島　働く人を大事にするという点で言えば、ニュージーランドの首相が六週間産休を取ることになりました。その間は副首相が代行するのだと思いますが、もし日本だったら、かなり批判されるのではないでしょうか。

中野　人間が政治家をやっている以上、当然妊娠して子どもを産んだり、病気になって手術したり、親の介護をしたりすることが起こり得ます。そういうときにバックアップがある制度の方が合理的です。公務なのでしっかり働く必要がありますが、あたかも私生活におけるケアの責任を一切考慮する必要がないかのような非現実的な方向に行ってしまうと、かえって破綻をもたらす危険があります。

福島　政治の世界で、病気やケガよりも風当たりが強いのは妊娠・出産・子育てです。病気の場合、国会閉会中に密かに入院したり、ペースダウンしたりすることができますから。

中野　本当にそうですね。そこにはジェンダー・バイアスがあると思います。「女子ども」のことは政治に持ち込むなという発想が根っこにある。政治は厳粛なもので、国会は神聖な場所だから、女性や子どもで「穢れる」のを嫌う。ですが、そもそも国会議員は女性や子どもを含めた国民の代表者のはずです。

福島　かつて、ある車いすの社民党の自治体議員のために、議場をバリアフリーにしたところ、「お前のためにいくら税金を使ったと思っているんだ」とヤジが飛んだそうです。男で、健康で、二四時間三六五日、私生活を考えずに働くことを前提に政治を組み立てているから、それ以外の要素が出てきたときに、「俺たちは我慢しているのに何だ」と、一つの特権を行使しているように思えるのでしょうね。

中野　国家議員も地方議員も、そもそもの職務は、多様な国民・市民・住民を代表することです。代議制にはより多様な代表が確保されることが必要なのに、そうした原点を見失った議論に縛られていては、社会は前に進まないですよ。

福島　女性が意思決定の場に行くことの意味は何かと言えば、それによって政治の優先順位が明確に変わることです。そのことを痛感したのは、DV防止法をつくったときです。このときは女性議員が超党派で協力しました。女性が進出することで政治の優先順位が変わる。私は二〇〇九年九月に男女共同参画担当大臣に就任したのですが、「女性首長大集合」という会を開いたら、都道府県知事から市町村長まで、二九名中二二名の女性首長が来てくれたんです。

そこでは少数野党で苦しんでいるとか、男性議員に嫌がらせをされているとか、そういった愚痴が出るのではないかと予想していたのですが、ところがそうではなく、みなさんとても逞しかった。印象に残っているのはある町長さんの話です。町会議員時代に初めて議会に行ったときに思ったのは、「何だ、私がやってきたことじゃないか」ということだったそうです。つまり、ゴミ、学校、給食、教科書、障がい者政策、子育て支援、介護、街づくりなどはすべて基礎自治体の問題なんです。その時、目から鱗が落ちて、あらためて女は政治に向いていると思いました。

女性と男性とを別物として考えるわけではありませんが、育児や介護を男性よりも担う割合が大きかった女性のほうが地域に密着しています。男の政治の世界に女がどう進出するかというイメージで考えていたのが、女性が政治に進出することで、政治の意思決定が変わるのだと思ったんです。メディアも同じです。扱うテーマの優先順位や扱い方、質や中身が変わります。

女性だけでなく、LGBTの人や障がいのある人などいろいろな人が意思決定の場に参加すればいいと思います。当事者として、この社会の生きづらさをよく分かっているからです。この社会の生きづらさの「タネ」をひっくり返して「ネタ」にすればいい。そういう人が意思決定の場に出てくると、この社会はより居心地が良くなる。ある人の問題は、その人だけの問題ではなく他の人の問題とつながっていて、その人の目からも鱗が落ちることになります。

中野　戦前はとくにそうでしたが、戦後も今日に至るまで、健康で異性愛者の中高年の男性仕様で、社会、経済、政治のあり方がデザインされていて、そういう人たちが経済や政治、それから国家の威信に貢献できるような制度設計になっています。つまり人間のデフォルトが男性、しかも一部の男性であって、バブルの頃「二四時間戦えますか」というCMがありましたが、そういう献身的な態度やライフスタイルがよしとされていたことが根強く残っていると思います。

私自身の体験なのですが、たとえば、女性団体の集会に呼ばれると、男性は私だけということがあります。そうするとすごく緊張するんですよね。そういうとき、女性が、男性がデフォルトの社会において、どれだけ圧迫感を感じているのかが少しでも想像できるようになりました。

その意味で、当事者が意志決定の場に参加したほうがいいということはあると思います。女性は、人数は男性と変わらないのに、「最大のマイノリティ」になっています。とくに意思決定の場では、ほとんど絶えず女性がマイノリティになっている状況において、歪みが生じないわけがないと思います。

実際のところ、さまざまな理由によって、女性の方が生活の場、ケアの場に近い。逆に言うと、男性はある意味、徴集に近いような方法で動員されています。そのため、ゴミ置き場や子どもの学校の場所が正確に分からない。

福島　「子どもの友だちの名前を三人言えますか」という質問が提起されることがあります。父親よりも母親のほうが答えられるんですよね。

中野　それは必ずしもその男性が悪いということではなく、正社員であれば、その見返りとして、とにかくつねに働けと要請され、長時間残業を強いられる。私的な部分を仕事に持ち込むことは嫌がられます。それは「女子ども」が切り捨てられるのとパラレルになっている。そこを是正しないと、本当の意味での代表制は実現しないし、誰にとっても生きづらい社会になっている理由はそこにあると思います。みんなネクタイを締めて、スーツを着て、満員電車に乗って、天候不順で電車が遅れる場合には、遅刻しないように早く出勤するよう要請される。

政治の場ではその歪みがより強く出てきていると思います。政治の場はワーク・ライフ・バランスがとりわけよくない。医者、弁護士、学校の先生もそうだと思うのですが、たとえ休日でも何か起こったらすぐに対応しなければいけない。意識的にワーク・ライフ・バランスがとれるようにしていかない限りは、私的な部分、ケアの部分を他の人に任せなくてはならない。あるいは、私的な領域に関わらない人しか代表になれないことになってしまいます。そうすると、障がいのある人、育児・介護をしている人は意思決定の場に参加する資格を事実上失ってしまう。意図的ではないにしろ、そういう仕組みが社会のなかに仕込まれているのだとすると、それを直していくことが重要だと思います。

福島　もし日本で女性の首相がニュージーランドの首相のように産休で六週間休むとなると、向いていないとか、休むのなら辞任したほうがいいとかと言って、男性たちが引きずり下ろしにかかると思います。

おっしゃるように、この社会は過酷です。たとえば人身事故で電車が遅れると、「ああ、気の毒だ。何があったんだろう」と感じるのではなく、「ちぇっ。遅刻したら嫌だな」と感じる人が多いのではないかと思います。とりわけ政治の世界では権力闘争が繰り広げられているので、「六週間も休むなんて、やる気あるのか」ということになる。

政治において、専門性、責任感は重要な要素ですが、二四時間三六五日働き続けなくてもいいはずです。ある女性議員が、公用車で議員会館内の保育所に子どもを預けて、それから出勤したことを週刊誌に書かれて、叩かれました。ただ、もしそうしないのなら、彼女はタクシーで子どもを議員会館内の保育所まで連れて来て、いったん自宅に帰って公用車でまた議員会館に戻ってこなくてはならない。休日に遊びに行くのに公用車を使うのは問題ですが、議員会館の保育所に子どもを預けるのは通勤途上のことです。

中野　逆に言うと、そういうことをしない男が標準として制度設計されていて、それを変える気があまりないということではありませんか。

福島　変える気がないというより、多分、分からないんですよ。

社会の再生産

福島　スウェーデンのパルメ首相が暗殺される前、彼は毎週金曜日の夜、家族と一緒に映画館に映画を見に行くのを日課にしていて、それを知っていた人間に殺されたと報道されたとき、もちろん殺害にショックを受けましたが、「スウェーデンの首相って、毎週一回、夜、家族と一緒に映画を見に行くんだ」と、そのときすごく新鮮に思ったことを覚えています。

私も映画やコンサートに行くのが好きで、Facebookに映画の感想を書いたりするのですが、「福島みずほは暇だ」と言われないようにしようと思ったりしますよ。

中野　それは政治のあり方に大きく左右されると思います。小選挙区制を使った多数派支配型で対決型の政治になるのか、それとも比例代表制を使った多党制のコンセンサス型の政治か。前者のほうが、権力闘争や戦争のアナロジーが滑り込みやすい形の政治になりがちです。

福島　戦争のアナロジーとは、具体的にどういうことですか。

中野　たくさんありますが、たとえば選挙では「陣営」という言い方をします。

福島　なるほど。選挙ではたしかに戦争用語がたくさん使われています。出陣式とかね。

中野　闘う姿勢が主になるのか、それとも合意を求めていくのかでかなり違ってくると思います。

スウェーデンをはじめとしてヨーロッパ大陸では多党的なコンセンサス型の政治で、もう少し人間らしい政治活動が行われています。対決型の政治が強調される国では、選挙の前はそういう傾向が強くなってくるのだと思います。

とくにいまの日本の政治は、対決型になっています。先ほどおっしゃった、公用車の使用に目くじらを立てるのはその表れではないでしょうか。人間的な振る舞いは、長い目で見ればプラスになるはずですが、権力をめぐって闘争していると容認されない。やはり、より人間らしい人たちが、より人間らしい暮らしができるように政治を変えていくことができるようにならないとまずいと思います。

福島　ヨーロッパは比例代表制で、政党所属の人同士の互換性があるし、新自由主義的な緊縮財政の保守政党と、社会民主主義的な政党があって、そして右翼政党があり、共産党が名前を変えている政党、緑の党のような政党もあります。保守政党は右翼政党とは一緒になりませんよね。保守と右翼は別物なんです。保守政党は右翼政党と一緒になると自分たちの何かが壊れると思っている。

こういう構図のなかで、政党の哲学が前面に出ていると思います。日本のように、政治家が地元のお祭りに行って焼きそばを何十杯も食べて支持基盤を築いて、それを二世・三世が世襲していく、政党というより個人が強調される世界と、政党の政策のコンセンサスの下で、政治家のあいだにある程度互換性がある世界とではずいぶん違います。

中野　世襲議員の上げ底は、昔は問題にされましたが、いつの間にか話題にもならなくなりました。それに、日本のいわゆる企業戦士たちも上げ底されています。身の回りの世話や家族のケアはつねに他の人に任せているわけですから。

問題は、つねに国家に貢献し、活躍できる人を使い倒すことになるので、再生産の部分がごっそり抜け落ちてしまい、再生産は勝手にやってくれ、となってしまうことです。教育も医療も介護も子育てもすべて基本的に私的なものだから、国のお荷物にならずにやれということになり、そのしわ寄せがとりわけ女性に行く形になっています。しかし、再生産の部分が私的な領域に追い出されて、そこにお任せになると、結局回らなくなってきて少子化や介護離職といった問題が生じてきます。

社会民主主義的発想で行くと、やはり公の部分で責任を持って再生産を担っていかなければ、社会全体のためにならないし、経済も立ち行かなくなっていくと思います。新自由主義の論理ではマーケットに参加できることが重要ですが、そこに参加する人を誰がどう育てるかに関しては、どんどんコストを外部化していく仕組みになっています。その現象が政治の場でも生じているために、日本は袋小路に迷い込んでいるのだと思います。

いまはアベノミクスで株価を吊り上げて何とか持たせていますが、東京五輪が終わったら草一本生えていない、ということになりかねません。そんな風にさせてはいけない。

福島　介護を例に取ると、介護保険制度が創設された当初は「介護の社会化」が目的とされていました。ですが、その後制度が改悪されて、要支援1と2の通所サービスと訪問サービスが、介護保険給付から外れてしまい、二〇一七年四月から完全に自治体の地域包括ケアシステムのなかに位置づけられることになりました。ただ、そこでは介護だけでなく、障がい者なども対象にしているので、うまく回らなくなる自治体も出てきています。なぜなら要支援1と2の通所サービス、訪問サービスは、報酬が低くなれば、それを担っている小さな事業所は倒れてしまいます。それなのに、財政審議会では、軽度の生活支援も介護保険給付から外してはどうかという議論があります。「軽度」とは要介護1から5のどこに該当するのか厚生労働省に聞いても答えないのですが、財務省の官僚に厚生労働委員会に出席してもらい、尋ねたところ、要介護2以下だと言っていました。

つまり、介護福祉士やヘルパーは要介護度の重い人をもっぱら担当し、要介護度の軽い人や生活支援にはボランティアに当たってもらう、という発想です。これは団塊の世代が七五歳になる「二〇二五年問題」への対応です。厚生労働省はこの試算をしています。

つまり、いまおっしゃった再生産の外部化は、国会で見ていると、自治体への丸投げだと分かります。ところが、自治体に丸投げすると、やれるところとやれないところが出てきて、誰もが等しく介護サービスを受けることができなくなります。実際に、離島などでは、介護保険料は払っているけれど、介護保険の給付はないという事態が生じています。保険あって介護なし、です。

中野 そのコインの裏側では、予算がいびつに使われています。介護には予算を配分しないのに、原発を輸出すれば国が責任を取る体制になっていますし、武器を輸出するグローバル企業は税制上優遇されます。

結局、我々が政治に関わって、誰のための政治なのかを問うていかないと、権力と富が一部に集中していくばかりです。育児も介護も自己責任でやれ、ですと、地方は切り捨てられ、高齢者や子育て世代も切り捨てられていきます。

いま起こっていること

福島　安倍総理の「日本を、取り戻す。」は、国と自分が一体化していることの表れです。世襲で、三世とか四世議員にまでなってしまうと、「自分は支配者である」という意識が生まれた時から刷り込まれていて、お金がなくて大学に行けない人のことなど分からない。

「人づくり革命」というのもすごく不思議な言葉です。政府が言っていいのでしょうか。親ですら、子どもを育てることを「人づくり」とは言えません。せいぜい子どもが育つ「お手伝い」ができるくらいです。「人づくり革命」は傲慢だと思います。

また、「生産性革命」という言葉にも違和感があります。圧力釜で短時間でご飯を炊くように、だらだらせず集中的に働いて生産性を上げろ、と言っているのでしょうか。

確かに、無駄な残業や、居残る必要がないのに上司がいるから残っているなどという状況はなくしていくべきですが、いまの長時間労働問題は無意味な残業から起こっているわけではありません。このように、言葉の使い方一つ取っても、「人づくり革命」しかり、「一億総活躍」しかり、「女性の活躍」しかり、すさまじく上から目線なんですよ。もっと社会保障を充実させて、労働法制も規制緩和ではなく格差是正や貧困の根絶につながるものに変えていったらいい。

安倍総理の「美しい国」は国民不在で、人は二四時間三六五日働く駒でしかありません。だから辺野古の新基地建設反対などは弾圧する。お友だちや日本会議の人たちなど、思想信条を共有する人びとは優遇する。その間の人びとは「人づくり革命」と「一億総活躍」で効率よく働いてもらう。二〇一八年四月一日から道徳を教科化し、子どもたちを鋳型にはめる。

中野　前にも触れましたが、道徳のベースには教育勅語があり、法の支配ではなく、徳治国家、人治国家を目指しています。安倍さんたち世襲議員は国家と自分の区別が付いていないのはそのためなのではないでしょうか。

さらに恐ろしいのは国家権力に対する警戒感のなさです。総理大臣なので間違ったことは言わないだとか、そんなに悪い人ではありませんと言ってしまうのは、多分安倍さん自身が本気でそう思っているからだと思います。

福島　大臣や国会議員は、自分が戦争に行って死ぬことは想定していない。お国のためにおまえたちは死ねと言う側の立場です。

私の父は特攻隊の生き残りです。戦争末期だったので、飛行機に乗る訓練もできないぐらい滑走路は爆破されてデコボコだったので、木造のダミーの飛行機を並べていたと父から聞きました。その父も「国のために死ぬのが当然だと思っていたんだよ」と言っていましたが、教官たちは「国のために死ね」とは言っても、自分たちは死んでいない。同窓会に行くと、このことをめぐって言い争いになることもあったそうです。

青年会議所が憲法九条三項に自衛隊を明記することを安倍総理が認めてくれたと言っていますが、青年会議所の会員も、世襲議員ほどではありませんが恵まれているわけです。そして、この人たちも戦争に行くことはないでしょう。

「未来のための公共」のある女子学生は、駐屯地の近くにある高校の出身だと言っていたのですが、同級生で自衛隊に入った人もいるそうです。でも、その人も「戦争には行きたくない」と言っている。

それに、ある県に行ったとき、母子家庭の家の子に自衛隊から特別に勧誘が来ると聞きました。これは明らかに経済的徴兵です。こういう点から言っても、政治が寡占化されるのは良くない。

中野　本当にそう思います。そして国家と一体化するというのは日本の傾向だけではありません。アメリカのような競争的な政治システムのなかでも、ここのところ権力や富の寡占化が進んでいて、いまの自由民主主義のあり方の危機なんだと思うんですね。

福島　だから国会議員や、意思決定に参加する人の個人的なバックグラウンドももっと多様化する必要がある。それに、政治参加のハードルがもっと低くなればいい。なぜなら多くのことが、政治に直結するからです。

よく日本では市民革命が起こらなかったと言われますが、自由民権運動がありましたし、戦後、憲法改正案がつくられましたし、隠岐島では、パリコミューンよりも前に、松江藩の支配に対抗してコミューンがつくられた歴史があります。地方に行くと、主流の政治とは違う政治的な歴史や動きがあるんです。

それから、いま緩慢に起きていることは市民革命だと思っています。女性が参政権、つまり選挙権・被選挙権を獲得してからまだ七二年です。七二年を経て、いま市民革命が起きている。政治を人任せにしたら大変なことになると、東日本大震災で学んだ人が多いんです。

中野　安保法制への抗議行動にしても、戦前の憲政擁護運動の歴史があったから可能だったと思います。いまだに長州藩の安倍さんによる支配が続いていますから。

福島　明治一五〇年を祝うだけでなく、侵略戦争に突入する過程で何を間違ったのか、その反省なくして単純に祝うことなどできないでしょう。

中野　明治維新で多少なりとも良かった部分は、徳川幕府に対して下級武士が立ち上がり、新しい国を作ったところです。いまの世襲議員は徳川幕府化していて、対応能力を失っていると思います。

多党制という可能性

福島　このような状況で、この先、民主主義をどうやってつくっていくのかを考えなくてはいけません。先日、元SEALDsの諏訪原健さんとトークショーをしたのですが、彼自身は「政治の広場をつくりたかった」と言っていました。SEALDsの「民主主義ってなんだ？　これだ」というコールはほんとうに新鮮でした。国会前にも民主主義はあるけれど、実はあなたが家に帰って、子どもと話す言葉のなかに民主主義がある。職場や街角で「どう思う？」と語る言葉のなかにある。民主主義は特定の誰かのところにあるのではなく、「そこ」にあるんですよね。

最近つくられた「国立市女性と男性及び多様な性の平等参画を推進する条例」は、「全ての人が、性別にかかわりなく、あらゆる分野における活動方針の立案及び決定に平等に参画する機会が確保されること」を定めています。女性の意思決定の場への参画を増やそうとよく言われます。もちろん女性が増えたらいいと思いますが、国立市のこの条例のように、すべての人が政治に参画できることが重要です。選ばれた人、元気のある人、能力のある人、あるいは自分で議員になりたいと思った人だけではなく、すべての人が政治に参画しうるし、意思決定の場にもっと多様な人が参画しないと、意思決定も多様にならないし、政策の優先順位も変わらない。

中野　先ほどの諏訪原さんの「政治の広場をつくりたかった」というのと同じだと思うのですが、

民主主義には、自分には自分の尊厳があって権利がある、あなたにも尊厳があって権利があるということが含意されています。発想自体がすでに多元的なんです。

この間の野党共闘もそうですが、一党に集約しようとしているわけではなく、党はそれぞれ違っていて、多元的でいい。だけど自由で民主的な政治空間が壊され、嘘で一色に塗り固められようとしているとき、それを許してはいけないという点では一致しているのではないでしょうか。もう一度そういう空間を作り直すことができたなら、そのなかで結論ありきの議論ではなく、意見の違いを紡いで、将来の世代につないでいく。こういう多元的な発想が必要です。

福島　私の政党に関する考え方は中野さんと近いのではないかと思います。もちろんこれから何があるか分からないけれど、ヨーロッパの多党制に近づけられたらいいのではないでしょうか。多党制で、社会民主主義的な政党と保守的な政党が政権交代しながら、社会保障や男女平等を実現していく。新自由主義的な政策と社会民主主義的な政策は違いますから、論争していくことが必要だと思うのですが、多党制ではなく二大政党制で、とりわけ小選挙区制でそれをやると、前にも言ったように、与党Aと野党Bがあるとすると、BはAダッシュに限りなく近づいていくのではないでしょうか。

東日本大震災後、脱原発を目指す勢力は強くなったけれど、震災以前は、脱原発の政党は国会のなかでは極めて力の弱い存在でした。いまは政党を超えて脱原発で協力していますし、野党合同で森友文書や裁量労働制に関するヒアリングをやったり、前川さんの講演内容に関する文科省と自民党議員による問い合わせに関するヒアリングをやったりしています。だからといって一つの政党になるのではないのです。グループとして共通点はあるから、そこで連携していくのがいいのではないでしょうか。選挙のときも、選挙協力したり、候補者を絞ったりすればいいわけです。

ただ、前にも触れましたが、日本人は、選択するのが苦手なのではないかと思うところもあります。まるでミヒャエル・エンデの『自由の牢獄』です。選ぶことには責任が伴います。選ぶと自分の責任になるから嫌だ、だからみんな同じほうが選ばなくていいから楽だ、という発想があるのではないでしょうか。「自分はこう思う」、「そうかもしれないけれど、自分はこう思う」という話し合いがもっと日常的に大事にされ、「あなたはどうしたいですか」と問われることが大事なのではないでしょうか。政治の世界でも、もっとあなたはどうしたいのか、と問われてもいいはずなんです。そして、意見が違うけれど共闘するという道があることを知ってほしいと思っています。

もっとざわついていい

中野　近代化の過程で官尊民卑、つまり、官は偉いのに対して、私的な部分は劣ったものだから表に出てくるな、とされる。「女子ども」が典型的にそうなのですが、職場に子どもを連れて来るなとか、家庭のことを仕事の場に持ち込むなとかと、厳然とそうした文化的な規範が押し付けられてきました。戦後もその残滓があったと思います。

そのなかで、個が集まってつくる公共という概念はまだ比較的新しいと思います。教育の場においても、道徳や教育勅語的な流れに従うのがよくて、出る杭は打たれる。人はそれぞれ自分の権利と尊厳を持っていて、それが他の人と一〇〇％一致することはないわけですから、人の気に障ったり、邪魔になったりするのは当たり前のことです。そこでどう折り合っていくのかが問われます。多元的な個が集まってどう公共空間をつくり、ガバナンスをつくっていくのか。その取り組みはいま始まっていると思います。その点ではかなり成長、発展してきていると思うのですが、まだ途上なので不協和音が生じることもあります。それに、求められている一致度が高すぎるところもあるのですが、もっとバラバラで、ざわついていていい。一〇〇%一致するなど、安倍さんとトランプではないけれど、ありえない話です。

福島 違う国のリーダー同士が一〇〇%一致するなんておかしいですよね。

中野 ですが、それが望ましいことであるかのように言われています。はっきりしているのは、トランプの側はそんなことは思っていなかったということです。

福島 そのことは鉄鋼の関税で明らかになりました。ひどいものです。

中野 英語に「agree to disagree」という言い方があります。お互い違う意見を持っているという点で一致する、ということです。市民と野党の共闘もそうだと思うんですよ。この人は苦手だけど、他の人が入ってくれればやれる、ということはあるわけです。それでいいと思うんです。

福島 森友問題の公文書改竄で、嘘に支配されているという真相が明らかになりました。東日本大震災と東京電力福島第一原発事故を契機に、それまで政治に関心がなかった女性たちが、政府の言うことをそのまま聞いていたらたいへんなことになると気づき始めました。

官邸前の抗議運動にも、スーツ姿の人がかなりいます。どこをおかしいと思うかはそれぞれ違うかもしれないけれど、いまとは違う政治をつくりたいという欲求は、前よりも強くなっているのではないかと思います。

中野　原発事故によって、「表に出てくるな」と言われていた「女子ども」たちが表に出てきました。原発事故が、「女子ども」たちが政治化する契機になったわけです。男性よりも生活の場、ケアの場に近い女性たちは、子どもの未来がかかっているから、「黙れ」と言われても黙っていられない。そのことが、政治がより正常な状態に、つまり、より多元的で包容力のある状態に変わっていく一つの契機になっていると思います。

それに、ここまで政治が歪んでいるのですから、企業において、上意下達で首根っこをつかまれているサラリーマン層も、政治に参加し、自分の意見を述べることができれば、大きく変わっていく可能性は十分あると思います。

福島　私は女性たちと一緒にいると居心地がいいんです。女性たちはマウンティング言語を使うことがなくて、肩書、年齢、キャリアは関係なく、対等で自由な関係をつくりやすい。ただ、もちろんそうでない人もいますし、男性でそうした関係をつくりやすい人ももちろんいます。先ほど中野さんが、安倍総理のやっていることは政治ではなく支配だと言われたのですが、支配―被支配でない、自由で対等な関係をもっと増やしていくことが、急がば回れではないけれど、民主主義をつくっていくことになると思います。

中野　そうですね。日本の近代化のモデルがグロテスクな形で安倍政権において現れているのは、人間を改竄しようとしているからだと思います。「一億総活躍」という発想が象徴的です。ですが、そもそも誰もが母親から赤ん坊として生まれて、自分ひとりでは生きていけない状態から他の人たちに助けられて成長していき、福島さんの娘さんの言葉を借りれば、手伝い、手伝われるようになって、お互い支え合いながら生きていく。やがて年をとり、病気になり、つらいことが起こる。ですが、それが自然体であって、そのために政治があり、そのために社会があるんです。それなのに、権力の側から見て、つねに「活躍」している状態であれ、と要請されている。これは人間のあり方の改竄です。

自分がより自然なスタイルでいられれば居心地がいい。人間は完璧なものではないし、つねにフルスペックでフル活動できる存在であるはずがない。より自分らしく生きることができる場所が公共の空間のなかにあるべきだと思いますし、それを可能にするために政治はより開かれていくべきだと思います。そこに可能性を感じます。

政党政治は変われるか

中野　いま、政治学者として図書館や研究室にこもっていたときには見えなかった日本社会の実態が見えてきたと感じています。永田町や霞が関を研究してきましたが、国会前の抗議運動だけでなく、新しい市民運動が誕生するのを間近で見ることができて、刺激を受けています。

ただ、政党政治を変えるのは、もっとたいへんなことです。公職選挙法やいろいろな制度的な制約が強いので難しいけれども、市民社会がいい方向に大きく動き始めているということを実感できています。もちろん、グラスに水が半分も入っていると言うのか、まだ半分空だと言うのかで捉え方は変わってきます。ですからバラ色だとは言いませんが、ある重要なカーブは曲がった感覚があります。

福島　私も全国を回るなかで、市民社会に希望を感じています。沖縄では、あれだけ攻撃されても市民運動が尻すぼみになるとは思いません。

へこたれない不屈の人たちがたくさんいます。沖縄だけでなく、全国各地で、誰もが過去・現在・未来という時間軸のなかで、それぞれが一生懸命に何かをしようとしています。どこの土地に行っても、「日本もまだまだ捨てたものじゃない」と思わせてくれる人がいます。

ですが、私は国会議員なので、国会のなかで政党政治を変えていくにはどうすればいいかを考えなくてはいけません。国会の政党政治が市民運動のように変化していかなければなりません。いまは安倍改憲に反対しているいくつもの政党と力を合わせてやっていく段階です。それに、古い政党には古いなりの、新しい政党には新しいなりの課題があります。でも市民社会の新しい可能性を信じて、希望を持ってやっていかなくてはと思っています。政治に関心を持つ種を蒔いて、それが芽吹いて育つのをお手伝いしたいですね。

中野 実際に古いか新しいかよりも、新しく見えても古い政党が多いのではありませんか。国会のなかで離合集散を繰り返していて、福島さんのように市民社会の代表として政党政治に送り込まれている人がいかんせん足りない。それがいまの政党政治の問題ではないでしょうか。

福島 少しずつ増えてきていると思いますが。

中野 市民社会と政党政治の循環を良くしていかないと、本当の意味での新しい政治、市民社会の声が届く政治は実現できないのではないでしょうか。

未来を築く方法

福島 中野さんは、安倍総理は過去を改竄し、未来も食いつぶしていると言われました。憲法を壊し、民主主義を壊し、政治への信頼も壊している。すさまじい内閣だと思います。今後どうなると思いますか。

中野　権力の側が人びとを自分の色に染めたい、上意下達のシステムにしたい、国威を発揚したいという政治から、個人の尊厳が守られ、それぞれが自分らしく暮らせるような政治や社会の仕組みをつくる方向に政治は転換していくと思います。それ以外に未来を築く方法はないと思います。まだまだ変わらなくてはいけないところはありますが、数年前と比べていい方向に向かっています。

問題は、社会で起き始めている変化を政党政治の変化に結びつけることができるかどうかです。この二〇年間、新自由主義的な行政改革によって統治機構が歪められていますから、一回や二回の選挙で一気に変えるのは難しいでしょう。試行錯誤しながら、公職選挙法も選挙制度も変えていかないと、市民社会の変化を政党政治に結びつけることはできないと思います。前進することもあれば、足踏みしたり後退したりすることもあるかもしれませんが、この方向に進んでいくことが必要ですし、十分可能なことではないかと思います。

福島　アメリカもトランプ政権下で混乱していますが、若い女性たちが多数選挙に出ようとしているそうです。人任せにしていたらたいへんなことになる、自分がやろう、という人がありとあらゆるところで出てきたらいいですよね。

中野　私も中年男性の一人として、女性や若い人たちの邪魔にならないように、自分ができることはやろうと思います。

おわりに

中野晃一

社会民主主義、フェミニズム、立憲主義や平和主義など、お互いに共有する価値や原則を起点に、多少個人的なことも含めて、福島みずほさんと存分にお話させていただきました。「嘘が支配する」としか言いようがないような、荒廃しきった行政や議会の現状に憤り、日々、第一線で奮闘される福島さんの思いやアクションについて改めてうかがって、私も勇気づけられたように感じています。

政治学を研究し、また近年では市民運動と立憲野党の共闘への取り組みにも関わるようになった私ですが、現職の参議院議員として活躍される福島さんとの対談を重ねるなかで、改めて「政治」という営みやその歴史について考える機会を得ることができました。そこで痛感したのは、「嘘が支配する」状況を変えていくためにも、福島さんのような市民社会の代表——とりわけ女性——をより多く議会に送り込むことが不可欠であるということでした。

福島さんとお会いしたことがある方は皆さんご存知のことですが、実に明るく気さくで、ポジティブなエネルギーに充ち満ちた人です。しかし、テレビを通じて国会審議での姿をご覧になったことしかない方には、「怒る」を越えて「憤る」福島さんのイメージのほうが強いかもしれません。確かに不正義に憤る姿もまた、福島さんそのものです。そんな福島さんに、私は社会民主主義の歴史を重ねます。

男子普通選挙さえ実現していなかった前近代、また近代初期、「社会」(明治時代の造語ですが)、そして英語のsocietyの概念範疇のなかに、資産を持たない労働者階級は含まれていませんでした。中産階級さえ「成り上がり」として蔑まれていたのですから。こうして「社会」から排除されていた階層は、当然のことながら「選良」(エリート)たちが牛耳る統治のプロセスからも除外された、単なる「支配」の対象でしかなかったのです。

資産を持たず、それゆえに分別もないと切り捨てられた「持たざる者たち」は、政治に関わる「権利」を奪われていただけでなく、その存在の「尊厳」さえも認められていませんでした。尊厳は、英語でdignityと言いますが、これはラテン語のdignus(「価値がある」、「ふさわしい」という意味の言葉)をルーツとしていて、もともと特別な格や価値が認められた上流階級にのみ適用されたわけです。ここから、否定の接頭辞inを付けたindignityは「侮辱」、「不名誉」となり、indignationは「憤り」という意味となりました。つまり、「憤る」には、蹂躙されるに相応の格や尊厳が前提として求められていたわけです。

こうして侮蔑するほどの価値や尊厳さえなきものとされ、それゆえ憤ることの埒外に置かれていた「持たざる者たち」が、ついに憤り、等しく人間としての尊厳や権利を求めて声を上げたときに、社会民主主義が誕生したのでした(社会民主主義に注ぎ込んだ源流のひとつに、人間誰もが尊厳を有することを説いたキリスト教の思想や教会の活動があります)。

実は、最近でも、二〇一一年五月にスペイン・マドリードの広場で緊縮財政や失業に抗議を始め、やがて政党ポデモスを誕生させた若者や労働者たちは、Los Indignados（憤る者たち）と呼ばれていました。日本でも、とりわけ二〇一一年三月の東京電力福島第一原発事故以降、そして二〇一五年の安保法制の強行による立憲主義や平和主義の破壊に際して、多くの憤る市民が声を上げるようになりました。

しかし日本では、#MeToo 運動や財務事務次官セクハラ問題に対する抗議行動にも見られるように、誰しもが生まれながらにして持っている尊厳の回復を求め、憤りの声を上げることに対して――とりわけその声が女性や若者から上がったとき――、それを黙らせようとする強烈なバックラッシュが引き起こされる傾向が、まだまだ顕著なのが現実です。そんななか、福島さんは憤ることをやめません。憤るべきときに憤り、憤ることさえままならない人たちの分まで憤ることが、社会民主主義の原点であることを示すかのように。

多様な個々人の生き方をリスペクトし、個人が個人として在ることとその支え合いを基盤とする立憲主義に根ざした政治を行うことは、現代ならば一見あたりまえのことのように思えますが、現実には、私たちを力でねじ伏せて「嘘も方便」と嘲笑するような統治手法がまかり通るようになり、あたかも時計の針が前近代まで逆戻りしてしまったかのようです。あまりに状況がひどくなると、憤ることに疲れてしまったり、ひどい状況を仕方ないものとして受け入れてしまったりすることも珍しくありません。正気にかえって憤る人たちをさらに増やしていかないとどうにもなりませんが、他方で、憤っているだけで共感を呼ぶことができるのかという難しい課題に直面するのもまた事実です。

誰もが自分らしく生きられる社会を実現するためには、その実現まで歯を食いしばって耐えぬき、ひたすら憤っていなくてはならないということではないはずです。むしろ、個々人が連帯し繋がるなかで、憤りだけでなく笑いや喜びもわかちあい、少しずつでも自分らしく生きることを楽しみ、それを広げていくことが鍵ではないでしょうか。それこそがまた、分断と孤立を乗り越え、社会の再生を可能にするのではないかと考えます。今回の対談を通じて、福島さんと私は大いに憤り、また笑いをともにすることができました。本書を通じて、読者の皆さんともさらにこうした連帯を広げていけたらと願っています。

最後になりましたが、本書の編集にご尽力くださった藤田紀子さんに心より感謝申し上げます。有難うございました。

中野晃一
1970年東京都生まれ．東京大学文学部哲学科および英国オックスフォード大学哲学・政治コース卒業，米国プリンストン大学で博士号(政治学)を取得．現在，上智大学国際教養学部教授．専門は比較政治学，日本政治，政治思想．
著書：『戦後日本の国家保守主義――内務・自治官僚の軌跡』(岩波書店，2013年)，『右傾化する日本政治』(岩波新書，2015年)，『私物化される国家――支配と服従の日本政治』(角川新書，2018年)ほか．

福島みずほ
1955年宮崎県生まれ．東京大学法学部卒業後，弁護士となる．1998年社民党から立候補し，参議院議員に初当選．2003～13年社民党党首，2009～10年内閣府特命担当大臣(男女共同参画担当等)を歴任．現在，参議院議員，社民党副党首．
著書：『結婚と家族――新しい関係に向けて』(岩波新書，1992年)，『娘たちへ――母から娘に伝える人生に大切な80の知恵』(岩崎書店，2009年)，『「意地悪」化する日本』(内田樹と共著．岩波書店，2015年)ほか．

嘘に支配される日本

2018年7月6日　第1刷発行

著　者　中野晃一《なかのこういち》　福島《ふくしま》みずほ

発行者　岡本　厚

発行所　株式会社　岩波書店
〒101-8002 東京都千代田区一ツ橋2-5-5
電話案内 03-5210-4000
http://www.iwanami.co.jp/

印刷・理想社　カバー・半七印刷　製本・中永製本

ISBN 978-4-00-022238-9　　Printed in Japan